365 GARTENFRAGEN & ANTWORTEN

für intelligente Faule

Liebe Leser*innen,

wir freuen uns, dass wir Ihnen mit unserem Buch neue Inspiration liefern dürfen und hoffen, es wird Ihnen gefallen.
Weitere Leseabenteuer mit verbriefter Fachinformation finden Sie auf www.cadmos.de
Wenn Sie mit uns in Verbindung treten oder Ihre Erfahrungen teilen wollen, dann tun Sie das bitte unter:

https://www.facebook.com/cadmosverlag
https://www.instagram.com/cadmosverlag
oder per Mail an info@cadmos.de

Wir freuen uns schon jetzt über Ihr Feedback!

Copyright: Cadmos Verlag GmbH, Englmannstraße 2, 81673 München

ISBN: 978-3-8404-7591-7 (1. Auflage 2024), **Sonderedition ORF-Nachlese:** 978-3-8404-8563-3

Deutsche Nationalbibliothek - CIP-Einheitsaufnahme
Die Deutsche Nationalbibliothek verzeichnet diese Publikation in der Deutschen Nationalbibliografie;
detaillierte bibliografische Daten sind im Internet über http://dnb.ddb.de abrufbar.

Viel Freude mit diesem Buch wünscht Ihnen Ihr CADMOS-Team:

Autor: Karl Ploberger,
Programmleitung: Brigitte Schweinegger
Lektorat, Layout, Satz: Gerald Stiptschitsch, Redaktion GARTEN+HAUS im Österreichischen Agrarverlag, www.garten-haus.at
Umschlaggestaltung: Gerlinde Gröll
Umschlagfotos: Christoph Böhler, www.christophboehler.com
Illustrationen am Umschlag: Shutterstock/Gabi Wolf
Layoutkonzeption Innenteil: www.pinkhouse.at

Wir übernehmen Verantwortung:

Dieses Buch wurde anhand ausgewählter Qualitätskriterien ressourcenschonend und schadstofffrei in Cadmos Qualität für Sie hergestellt. Das verwendete Papier für Kern und Cover ist PEFC®-zertifiziert, der Druck erfolgte CO_2-neutral. Der Inhalt ist auf Magno matt 135 g/m² mit 1,01 Volumen für Sie gedruckt, ein matt gestrichenes Bilderdruckpapier, das die Farben leuchten lässt und dem Inhalt einen hochwertigen Charakter verleiht. Das Cover wurde auf Peyvida puro 270 g/m² gedruckt, einem Naturkarton mit ansprechender Optik und Haptik.
Auf Laminierung und Einschweißen in Plastikfolie verzichten wir – für unsere Umwelt und unsere Zukunft. Gedruckt und gebunden wurde dieses Buch in der EU (wir wollen lange Transportwege vermeiden), bei unserem langjährigen, bewährten Druckpartner GRASPO (www.graspo.com).

FSC www.fsc.org MIX Papier | Fördert gute Waldnutzung Paper | Supporting responsible forestry FSC® C010798

Product footprint CO_2 Neutral PBN-CFMC-059235 www.preferredbynature.org

Uns ist wichtig:

Gender-Erklärung: Alle Geschlechter sollen sich gleichermaßen wahrgenommen und wertgeschätzt fühlen. Im Sinne eines flüssigen Lesevergnügens verzichten wir jedoch auf die Verwendung von geschlechterspezifischen Sprachformen (m/w/d). Sämtliche Personenbezeichnungen gelten gleichermaßen für alle Geschlechter!

Haftungsausschluss: Wir haben den Inhalt dieses Buches nach bestem Wissen geprüft. Für die Richtigkeit der Angaben und eventuelle Schäden, die aufgrund von Beschlüssen und Handlungen, die anhand der gegebenen Informationen getroffen wurden, wird trotz sorgfältiger Recherche keine Haftung übernommen. Im Zweifelsfall ziehen Sie bitte geschulte Fachleute zu Rate.

BESTseller
in neuem Look

365 GARTENFRAGEN & ANTWORTEN

für intelligente Faule

KARL PLOBERGER

avBUCH

Inhaltsverzeichnis

Vorfrühling

Erstfrühling

Vollfrühling

Frühsommer

Hochsommer

Spätsommer

Frühherbst

Vollherbst

Spätherbst

Winter

Gartenfragen im Takt der Natur

Und wieder ein Buch ... wird sich der eine oder andere denken. Aber es ist nicht irgendein Buch, sondern eines, das „das Gartenleben schreibt". Seit 25 Jahren bin ich als Gartenexperte in Radio, Fernsehen, Zeitungen, Magazinen und im Internet aktiv. Und genauso lange habe ich eines erlebt: Fragen über Fragen. Egal wohin ich komme, heißt es: „Entschuldigung, ich hätte da eine Frage ..."

Dieses Frage-Antwort-Spiel war für mich das Lehrreichste! Es gibt keine noch so dumme Frage, bei jeder habe ich gelernt, wie man Probleme auch sehen könnte, und so manches knifflige Gartenproblem konnte ich lösen. Manchmal erst nach einigen Tagen der Suche und immer wieder erst zusammen mit den vielen Gartenexperten, die ich rund um den Erdball auf meinen vielen Reisen kennengelernt habe. Dieses Wissen, wie man es macht, erleichtert das „Garteln" und macht das liebste Hobby noch ein Stück schöner. Oft sind es nämlich ganz einfache Tricks, die für einen Erfolg notwendig sind.

Besonders wichtig für mich sind aber meine Bücher. Nicht die selbst geschriebenen – das sind mit diesem nun 18 (!), sondern die mehr als 5000, die sich in meiner Bibliothek angesammelt haben. Da drinnen steht geballtes Gartenwissen. Manche Bücher sind uralt, manche druckfrisch. Viele finde ich in Sekunden, bei manchen muss ich ein wenig suchen. Gerade die Frage „Wo ist es nur?" macht die Sache aber schon wieder lehrreich. Denn dabei blättert man einmal in diesem, einmal in jenem Buch. Und schon wird wieder etwas aufgeschnappt, das jetzt wichtig ist. Genau aus diesem Grund ist mein neuer Titel entstanden.
365 Gartenfragen sollen symbolisieren, wie jeder durchs Gartenjahr kommt. Aber nicht nach den üblichen Kalendern, die Monat für Monat sagen, was zu tun (oder was zu fragen) ist, sondern es ist nur dann wirklich sinnvoll, wenn man weiß, wann was zu tun ist. Deshalb ist dieses Buch das erste Frage-Antwort-Buch, das im Takt der Natur begleitet. Im Fachjargon: nach dem phänologischen Kalender. Blüht die Forsythie, dann kommen die Fragen rund ums Rosenschneiden.

Möge dieses Buch Ihr Begleiter durch das Gartenjahr werden – 365 Tage lang. Immer passend zur jeweiligen aktuellen Wetterentwicklung. Von der Blüte der Schneeglöckchen bis zum Laubfall der Apfelbäume. Oder besser: vom Vorfrühling bis zum Winter.
Ich wünsche Ihnen einen grünen Daumen, viel Erfolg, und vor allem – mein Motto –

„viel Spaß beim Garteln"!

Karl Ploberger

PS: Scheuen Sie sich nicht, mir eine E-Mail zu schreiben. Den Fragepostkasten finden Sie hier: **www.biogaertner.at** Manchmal dauert meine Antwort ein wenig, denn oft kommen 30, 40 Fragen pro Tag. Aber vielleicht wird daraus dann das 19. Buch!

Garteln im Takt der Natur

Dieser Klimawandel!

Im Februar im T-Shirt auf der Terrasse sitzen und im Mai das Eis von den Mistbeetfenstern kratzen. Es ist schon seltsam, wie manchmal das Wetter verrückt spielt. Doch ist das alles nur der Klimawandel?
Dran ist was, aber ein endgültiges Urteil werden wir wohl erst in ein paar Jahrzehnten fällen können. Dennoch ist klar: Die Natur hält sich nicht an den Kalender. Allein die unterschiedlichen Höhenlagen macht den Mai da zum Sommermonat und dort zum Spätwinter. Damit müssen wir Gärtner leben, und das nicht erst, seit es das Schlagwort „Klimawandel" gibt.

Daher wurde schon vor geraumer Zeit der „Phänologische Kalender" geschaffen – für das „Garteln im Takt der Natur". Nicht der Kalender gibt vor, wann was zu tun ist, sondern bestimmte Zeigerpflanzen. Blüht das Schneeglöckchen, dann beginnt die Pflanzzeit, werden die Schnecken bekämpft und im Gemüsegarten die Beete vorbereitet.
Das gilt nicht nur in milden Regionen, wo der Schnee nur stundenweise zu finden ist, sondern auch dort, wo die Skifreunde bis im April auf ihre Rechnung kommen. Denn: Da wie dort gibt es Schneeglöckchen. Doch da blühen sie im Februar und dort im zu Ende

gehenden April … Damit wissen Gärtnerin und Gärtner ganz genau, wann welche Arbeiten erledigt werden müssen. Und deshalb treten dann genau die Fragen auf, die in diesem Buch zusammengefasst sind.

Die zehn Jahreszeiten der Natur

Vorfrühling

Im Kalender würde der Vorfrühling Ende Februar oder Anfang März stehen. Die Haselnuss beginnt zu blühen, der Winterjasmin steht in Vollblüte und *die* Zeigerpflanze, das Schneeglöckchen, öffnet ihre Blüten.

Erstfrühling

Für viele ist das die schönste Jahreszeit – jetzt geht es Schlag auf Schlag: Tagtäglich gibt es eine neue blühende Überraschung im Garten. Die Blüte der Forsythie leitet diese Jahreszeit ein, die dem Kalender nach etwa Mitte März beginnt und bis in den April dauert. Das Sommergetreide geht auf, Wiesen werden wieder grün.

Vollfrühling

Der Vollfrühling beginnt mit der Blüte des Flieders und der Apfelbäume. Die Stieleichen bekommen Blätter. Auf den Feldern beginnen die Kartoffeln zu treiben. Die Zeit der Nachtfröste ist nun vorbei – auch empfindliche Pflanzen kommen jetzt ins Freie.

Frühsommer

Der Holunder blüht, es ist Juni, und damit ist der Frühsommer ins Land gezogen. Auf den Wiesen blühen die Gräser. Weißdorn, Wald-Geißbart und Türkischer Mohn blühen. Jetzt werden erstmalig die Blumenwiesen gemäht und es duftet nach Heu.

Hochsommer

Die Sommerlinde mit ihrem intensiven Duft steht am Beginn des Hochsommers. Jetzt blühen Sommer-Linde, Wegwarte und Kartoffel; in den Gärten reifen die Johannisbeeren. Die Getreideernte beginnt, im Garten ist nun die Zeit des Erholens und Genießens.

Spätsommer

Der Spätsommer kommt schneller als gewollt, denn reifen die Klaräpfel, ist der Beginn dieser Jahreszeit. Reif werden jetzt auch Felsenbirne und Vogelbeere. Zeitgleich beginnt die Blüte des Heidekrauts und der Herbst-Anemone.

Frühherbst

Blüht die Herbstzeitlose, beginnt der Frühherbst. Gleichzeitig beginnt auch der Holunder reif zu werden und die Haselnuss wird geerntet. Ende August beginnt in unseren Breiten bereits diese Jahreszeit, die generell als die Erntezeit angesehen werden kann.

Vollherbst

Im September kommt auch schon der Vollherbst – die Zeigerpflanze dafür ist die Rosskastanie. Werden die Früchte reif, beginnt beim Gärtnern im Takt der Natur diese Jahreszeit. Kalendermäßig dauert sie von Mitte September bis Mitte Oktober. Damit fällt in diese Zeit auch die Laubfärbung.

Spätherbst

Die vorletzte Jahreszeit im phänologischen Kalender beginnt mit dem Laubfall bei Rosskastanie und der intensiven Nadelfärbung bei der Lärche. Die Temperaturen gehen nun rasch zurück, die ersten Fröste treten auf. Mitte November geht der Spätherbst endgültig in die Ruhezeit der Natur über – den Winter.

Winter

Jetzt haben alle Bäume ihr Laub verloren, außer ein starker Frost hat sie an den Ästen festfrieren lassen, wie das bei Apfelbäumen oft passiert, wo erst im Frühjahr der Laubfall stattfindet. Nun herrscht weitgehend Vegetationsruhe. Der phänologische Winter dauert etwa von Ende November/Anfang Dezember bis Mitte/Ende Februar.

Vorfrühling

Ein neues Gartenjahr erwacht. Da die grünen Spitzen der Schneeglöckchen, dort schiebt sich die erste Blüte des Winterlings durch den letzten Schnee. Knospen schwellen, die ersten Sonnenstrahlen wärmen nicht nur unsere Herzen, es beginnt wieder ein reges Treiben im Garten. Jetzt ist die Zeit, um erste Vorbereitungen zu treffen, damit das neue Gartenjahr ein Erfolg wird.
Freilich: Nichts übereilen, denn noch kann es zu gefährlichen Wetterrückschlägen mit kräftigem Frost kommen. Vorsichtiges Aufräumen und Abschneiden kann aber nun beginnen. Im Frühbeet wird der Salat gesetzt und in der Natur sammeln wir die ersten Bärlauchspitzen. Frische Vitamine für einen schwungvollen Start.

Was ist jetzt zu tun?

Vorfrühling

Winterling

Kornelkirsche

Bärlauch

Haselnuss

Märzenbecher

Schneeglöckchen

Vorfrühling

So erkennen Sie den Vorfrühling:

Schneeglöckchen (*Galanthus nivalis*)
Die Blüte läutet den Anfang des Vorfrühlings ein.

Bärlauch (*Allium ursinum*)
Zu Beginn des Vorfrühlings sprießen die ersten Blätter aus dem Boden.

Haselnuss (*Corylus avellana*)
Die Pollenreife markiert den Beginn der Jahreszeit.

Märzenbecher (*Narcissus pseudonarcissus*)
Am Ende des Vorfrühlings setzt die Blütezeit ein.

Schlüsselblume (*Primula elatior*)
Die Blüten erscheinen mit dem Ende des Vorfrühlings.

Kornelkirsche (*Cornus mas*)
Die leuchtend gelben Blüten stehen am Ende der Jahreszeit.

Ziergarten

- Gladiolen, Knollenbegonien und Dahlien können bereits vorgetrieben werden.
- Hecken und sommerblühende Blütensträucher wie Sommerflieder werden jetzt zurückgeschnitten.
- Ringelblume, Wicke und Löwenmaul können bereits im Freien gesät werden.
- Stauden von abgestorbenen Pflanzenteilen und Laub befreien, damit die jungen Triebe kräftig durchtreiben können.

Nutzgarten

- Obstbäume können jetzt noch geschnitten werden.
- Jetzt ist die beste Pflanzzeit für junge Obstbäume und Beerensträucher.
- Robustes Gemüse wie Spinat, Steckzwiebeln, Karotten, Pastinaken, Petersilie oder Pflücksalat können bereits im Freiland ausgesät werden.
- Die ersten Schnecken beginnen zu fressen. Sammeln Sie diese von Hand auf oder streuen Sie Bio-Schneckenkorn.
- Bei Erdbeeren den Boden zwischen den Pflanzen flach lockern. Kranke Blätter entfernen.

Balkon & Terrasse

- Einjährige Sommerblumen werden jetzt zum Vorziehen in Aussaatkisten gesät. Spezielle Aussaaterde verwenden!
- Knollenbegonien lassen sich gut vorziehen, um eine frühe Blüte zu erzielen. Dazu werden die Knollen in Kisten mit feuchtem Torf gelegt und bei 18 bis 20 °C an einem hellen Platz aufgestellt.
- Vorgezogene Pelargonien in größere Töpfe setzen. Entspitzen Sie die Pflanzen, damit sie sich gut verzweigen.

Zimmerpflanzen

- Tontöpfe, die einen Salzrand bekommen haben, lassen sich mit Wasser und Essig leicht reinigen.
- Besprühen Sie Ihre Grünpflanzen auch jetzt noch regelmäßig mit Wasser gegen trockene Luft.
- Zu groß geratene Kakteen in der Ruhezeit umtopfen. Ziehen Sie Lederhandschuhe an, um sich vor den Stacheln zu schützen.

Schlüsselblume

Fragen zum **Vorfrühling**

Mit den Schneeglöckchen ist der Winter meist vorbei und es locken die ersten warmen Sonnenstrahlen in den Garten.

Ziergarten

Pilzerkrankung bei Schneeglöckchen

Meine Schneeglöckchen haben eine Pilzkrankheit. Was kann ich dagegen tun?

Oje. Da können Sie leider nichts machen. Die Pilzerkrankung, die in den vergangenen Jahren vermehrt aufgetreten ist, wurde von den Märzenbechern eingeschleppt. Es könnte aber auch sein, dass die Schneeglöckchen zu feucht stehen, zum Beispiel in einem Beet, das im Sommer regelmäßig gegossen wird.

Thujen benötigen viel Wasser

Meine Thujenhecke ist 15 Jahre alt, steht auf einem Betondach und hat auf einmal alle 2 bis 3 m senkrechte braune Streifen bekommen. Was kann das sein?

Verursacher kann die Thujenminiermotte (*Argyresthia thuiella*) sein, die häufig vorkommt. Sie ist leider nur chemisch zu bekämpfen. In Ihrem Fall glaube ich aber, dass etwas mit dem Untergrund nicht stimmt. Wahrscheinlich hat die Pflanze zu wenig Erde und Humus und leidet quasi an Wassermangel. Deshalb muss sie ausgiebig gegossen werden – vor allem später, im Herbst. Regelmäßiges Düngen ist außerdem ganz wichtig.

Gießen gegen Dickmaulrüssler

Die Blätter bei meinem Rhododendron werden von irgendeinem Tier angeknabbert. Ich denke, es sind keine Schnecken. Was für ein Tier kann das sein und was kann ich dagegen unternehmen?

Ganz eindeutig: Es ist der Dickmaulrüssler. Er wird am besten mit sogenannten Nematoden bekämpft. Diese winzig kleinen, für Mensch und Haustier völlig ungefährlichen Fadenwürmchen sind in Tonpulver vermengt und werden mit der Gießkanne ausgebracht. Am besten jedes Jahr im Frühjahr und Herbst anwenden. Die Nematoden gibt es beispielsweise von der Firma Biohelp oder Neudorff und sind im Fachhandel oder über Internet erhältlich.

Giersch mit Karton abdecken

Gibt es ein Biomittel gegen Giersch? Ich werde das lästige Wurzelunkraut einfach nicht los.

Leider gibt es das nicht. Mein Tipp: Unter Sträuchern – wo er wirklich stört – den Boden mit Karton abdecken und dann Mulch drauflegen. Der Erdholler, wie er auch in einigen Regionen Österreichs bezeichnet wird, erstickt darunter. Staudenbeete gut mit Kompost versorgen und mulchen, dann lassen sich die endlos langen Wurzeln leichter aus der lockeren Erde ziehen. Giersch ist übrigens auch ein wohlschmeckendes Wildgemüse.

Auf Qualität bei Rasensamen achten

Welchen Rasensamen soll ich verwenden?

Kaufen Sie keine Billigprodukte. Häufig sind das Mischungen mit schlecht wachsenden Gräsern. Je nach Beanspruchung empfehle ich ein Qualitätssaatgut („Parkrasen" für wenig Belastung oder „Universalrasen" für normale Beanspruchung"). Ganz wichtig ist die gründliche Bodenvorbereitung und Unkrautentfernung.

BIO-TIPP

Kompost als Humuslieferant

Es gibt keine schlechte Erde – es gibt nur Erde mit zu wenig Humus. Egal ob sandiger oder toniger Boden, das Um und Auf für eine Bodenverbesserung ist der Kompost. Am besten der selbst erzeugte. Innerhalb von 1 bis 2 Jahren entsteht er aus den organischen Abfällen aus Haus und Garten. Jährlich 2 bis 3 cm auf die Beete streuen und oberflächlich einarbeiten. Einfacher geht's nicht.

Kompost darf in keinem Garten fehlen, weil er die Bodenverbesserung wesentlich fördert – und er ist gratis!

Nutzgarten

Startzeit für den Salat

Ab wann kann ich im Frühbeet den ersten Salat setzen? Meine Großmutter hatte schon zu Ostern ihren eigenen Häuptelsalat.

Es kommt auf das Frühbeet an. Wenn Sie es nach alter Tradition mit Pferdemist „packen", kommt es bereits ab Mitte Februar zu einer ausreichenden Erwärmung der Erde, und der Salat, aber auch Kohlrabi und Radieschen können gesetzt werden. So hat das die Oma offenbar gemacht. Ohne „Heizung" lohnt sich der Anbau aber nicht vor März.

Frostschäden an Stämmen

Einige meiner Obstbäume haben eine völlig aufgesprungene Rinde. Besonders der Birnbaum sieht mitgenommen aus. Soll ich die Wunden mit Wundverschluss verstreichen?

Gerade in den ersten Monaten des Jahres ist die Gefahr durch Frostschäden an Stämmen sehr häufig. Ich würde an frostfreien Tagen den Stamm mit einer Wurzel(reis-)bürste gut reinigen und die lockeren Rindenteile mit einem scharfen Messer glatt schneiden. Mit Wundverschluss nur die Ränder der Wunden einstreichen und trocknen lassen. Danach den gesamten Stamm mit weißem Baumanstrich (im Handel erhältlich) einstreichen. Das verhindert die starke Erwärmung vor bzw. nach frostigen Nächten. Lässt sich der Baumanstrich aufgrund der Witterung nicht mehr anbringen, dann an der Südseite ein Holzbrett als Sonnenschutz davorstellen.

Dünger für den Gemüsegarten

In meinem Gemüsegarten verwende ich Komposterde. Soll ich zusätzlich Hornspäne aufstreuen?

Unbedingt! Eine Handvoll Hornspäne pro Quadratmeter aufstreuen und oberflächlich mit dem Rechen gut einarbeiten. Um zu sehen, ob Ihre Komposterde gut gereift ist, können Sie den Kressetest machen. Nehmen Sie dazu eine Handvoll Erde und säen Sie darauf ganz normale Küchenkresse aus. Wenn diese gleichmäßig grün sprießt, dann ist die Erde in Ordnung. Wenn sie ungleichmäßig wächst oder teilweise gelb wird, ist die Erde nicht perfekt und der Kompost sollte noch weiter reifen.

Mein Tipp

Geliebte Frühlingsboten

Sie zählen für mich zu den Frühlingsboten schlechthin. Nein, nicht die Schneeglöckchen, sondern die Winterlinge (*Eranthis hyemalis*). Diese kleinen gelben Frühlingsboten bilden Teppiche an dotterblumengleichen Blüten. Am besten pflanzt man die in Gärtnereien vorgezogenen Winterlinge – aus einem einzigen Topf sind bei mir nach 10 Jahren üppige Blütenrabatte geworden.

Die sogenannte „Bayernfeige“ überlebt auch strenge Winter und eignet sich im Freien für geschützte Standorte, etwa an Hausmauern.

Winterharte Feigensorte

Sie haben einmal von einer robusten Feigensorte erzählt, die Minusgrade im Winter gut übersteht. Wie heißt diese Sorte?

Das ist die sogenannte Bayernfeige oder auch „Violetta“ genannt. Diese steht bei mir im oberösterreichischen Salzkammergut schon seit 3 Jahren an der Hauswand und trägt köstlich süße Früchte.

Start der Schneckensaison

Ich habe von Ihnen gehört, dass ich mit der ersten Schneckenbekämpfung schon im schneefreien Garten beginnen kann. Warum? Und welches Mittel empfehlen Sie?

Bei Temperaturen über 5 Grad beginnen die Schnecken „zu leben“. Noch gibt es Futtermangel, daher ist das nun ausgestreute Schneckenkorn besonders wirksam. Unbedenklich für Menschen und andere Tiere sind Mittel mit dem Wirkstoff Eisen-III-Phosphat, die im Fachhandel erhältlich sind.

Schnitt bei Gojibeere

Ich habe einen Gojibeerenstrauch bereits das zweite Jahr und er blüht und wächst, hat aber keine Früchte. Kann ich den Strauch zurückschneiden, und wie?

Schneiden Sie im Vorfrühling, aber nicht zu viel, dann gibt es etwas früher die Blüten. In warmen Jahren ist die Zeit zwischen Blüte und Fruchtreife oft zu kurz.

Balkon & Terrasse

Gräser fürs Balkonkisterl?

Habe erstmalig Gräser in Balkonkistchen eingesetzt. Sie sind teilweise blühend, teilweise nur grün, jetzt aber grau bzw. wie vertrocknet – sollten angeblich mehrjährig sein.

Mehrjährige Gräser sind im Balkonkisterl bedingt winterhart. Sie erfrieren meist nicht, sondern sind im Frühjahr vertrocknet, weil sie in der gefrorenen Erde kein Wasser aufnehmen konnten. Besonders heikel sind wintergrüne Gräser.

Pilzkrankheit an Buchs

Bei meiner Buchspflanze im Kübel verfärben sich seit mehr als zwei Jahren nach und nach immer mehr Blätter braun. Was ist das und was kann ich dagegen tun?

Es ist mit großer Wahrscheinlichkeit der Buchsbaumpilz (*Cylindrocladium buxicola*), eine äußerst aggressive Krankheit, die praktisch nicht zu bekämpfen ist, außer Sie spritzen alle 4 Wochen ein Fungizid (Pilzbekämpfungsmittel). Dennoch ein Tipp: kräftiger Rückschnitt, kein Rindenmulch, luftiger, trockener Standort und Pflanze mit Schachtelhalmtee als Stärkung übersprühen.

Pinseltrick zur Bestäubung

Meine Zitrusbäumchen sehen wunderbar aus. Ich habe sie, wie Sie empfohlen haben, im Sommer jede Woche gedüngt (manchmal sogar 2-mal). Das Laub ist dunkelgrün, aber geblüht haben sie im Winter im Zimmer. Danach sind alle Blüten abgefallen. Ein Freund meinte, ich habe sie überdüngt, daher „wollen sie sich nicht vermehren". Ist das richtig?

Nein, so ist das nicht! Die Blüten sind abgefallen, weil es keine Insekten für die Befruchtung gab. Daher im kommenden Winter (an sonnigen Tagen um die Mittagszeit) mit Pinsel von Blüte zu Blüte die Pollen verteilen. Dann wird es zur Befruchtung und damit zu vielen Orangen und Zitronen kommen.
Düngen immer ab April/Mai bis in den August.

Mein Tipp

Kräuter auf der Fensterbank

Sie sind die bequemsten Vitaminlieferanten an kalten Wintertagen: die Kräuter. Ausgesät lässt sich Kresse am leichtesten kultivieren. Aber auch Schnittlauch wächst ganz flott am Küchenfenster, wenn er nur davor eine Zeit lang dem Frost ausgesetzt war. Ganz und gar keine Kälte mag Basilikum. Bei Frost überlebt es nicht einmal den Heimtransport. Also Vorsicht beim Lüften!

Zimmerpflanzen

Trauermücken im Erdreich

Bei vielen Zimmerpflanzen tauchen im Winter und Frühling viele winzige Mücken auf, die um den Topf schwirren. Welcher Schädling ist das und wie bekämpfe ich ihn?

Die Mücken sind die sogenannten Trauermücken, die immer dann auftreten, wenn die Erde in den Töpfen an der Oberfläche nicht abtrocknet. Daher gilt als erste Maßnahme: Nur noch über den Untersetzer gießen und nach einer Stunde das Restwasser ableeren. Erde im Topf dick mit Tongranulat abdecken. Fangen lassen sich die Mücken mit Gelbstickern (beleimt, aber ungiftig). Die Insekten fliegen auf Gelb.

Amaryllis sammelt Kraft

Meine Amaryllis hat herrlich geblüht. Stelle ich sie nun gleich in den Keller fürs nächste Jahr?

Oh nein! Jetzt ist die Zeit zum Kraftsammeln für die Amaryllis. Nach der Blüte werden zuerst nur die Samenkapseln entfernt (die kosten Kraft), dann bilden sich die langen Blätter und ab nun wird gegossen und wöchentlich gedüngt. Möglichst einen hellen Platz wählen. Ab August nicht mehr düngen, ab September nicht mehr gießen und den Topf in den Keller stellen und einziehen lassen. Hat sie genug Kraft gesammelt, treibt ab Dezember eine neue Blüte.

Wasser im Blatttrichter

Ist es wirklich wichtig, dass ich bei meiner Lanzenrosette nicht nur die Erde gieße, sondern Wasser auch in den Blatttrichter einfülle?

Alle Bromelien benötigen im Blatttrichter Wasser. Am besten Regenwasser oder das Kochwasser von Kartoffeln (1 : 1) mit Wasser verdünnt. In der Natur leben die Pflanzen auf Bäumen und sammeln mit dem Trichter das Regenwasser.

Braune Blattränder

Meine Zimmerpflanzen bekommen immer wieder braune Blattränder. Was mache ich falsch? Gieße ich zu wenig?

Nein, im Gegenteil: Braune Blätter bedeuten immer, dass Sie zu viel gießen und die Wurzeln zu faulen beginnen. Gelbe Blätter zeigen Nährstoffmangel an.

Umtopfzeit!

Mein Tipp

Kaum wird es wärmer, dann erwachen auch die Pflanzen auf der Fensterbank. Jetzt ist die beste Zeit zum Umtopfen. Niemals zu große Töpfe wählen, sonst gibt's die Gefahr durch Staunässe. Dabei auch auf Schädlinge kontrollieren. Schild- und Wollläuse sind besonders lästig. Blätter mit Schmierseifenwasser abwaschen und nach dem Abtrocken mit einem ölhaltigen („Bio"-)Fertigpräparat die Pflanzen einsprühen.

Bier als Dünger?

Mein Kollege, der gern Bier trinkt, hat mir erzählt, dass er seine Zimmerpflanzen mit Bier düngt und damit einen guten Erfolg hat. Kann Bier tatsächlich zum Düngen von Pflanzen verwendet werden?

Grundsätzlich ja, allerdings sollte man die oft nicht unerhebliche Geruchsbelästigung, die damit einhergeht, beachten. Allerdings wird man eines bemerken: Pflanzen, die mit Bier (am besten 1 : 1 mit Wasser verdünnt) gedüngt werden, bekommen eine kräftige Blattfarbe und bilden auch viele Blüten aus. Noch etwas: Verdünntes Bier eignet sich hervorragend als Blattglanzmittel. Mit einem Schwamm die dicklaubigen, glatten Blätter der Zimmerpflanzen abwischen.

Springschwänze in der Erde

Seit einiger Zeit bemerke ich in der Erde meiner Pflanzen seltsame kleine weiße Tierchen, die beim Gießen in die Höhe springen. Was ist das und richten die Schaden an?

Gleich vorweg: Hier wird zu viel gegossen! Ist die Erde immer feucht, nisten sich sehr rasch Springschwänze ein. Die Tierchen werden eine Pflanze nicht vernichten, fressen aber die ganz feinen Faserwurzeln an. Gießen Sie richtig: Lassen sie mindestens 1 cm der Oberfläche abtrocknen, ehe Sie wieder zur Gießkanne greifen, dann geht's auch den Pflanzen besser.

Flamingoblume abschneiden

Meine Flamingoblume ist schon sehr hoch gewachsen und sparrig. Kann ich sie einfach abschneiden und wächst sie dann wieder nach?

Die meisten Flamingoblumen sind so wuchskräftig, dass sie neben dem Haupttrieb kleine Seitentriebe bekommen. Schneidet man den Mitteltrieb ab, dann werden sich die „Kindel" rasch zu neuen, blühenden Pflanzen entwickeln. Den Haupttrieb in Erde topfen, da dieser leicht anwurzelt.

Flamingoblume nicht zu viel düngen

Ich habe kein Glück mit meiner Flamingoblume. Sie will nicht richtig wachsen und schon gar nicht blühen. Sie steht am Ostfenster im Schlafzimmer. Ist es ihr dort zu kühl im Winter?

Da passt offenbar das Gießen nicht, denn die Anthurien zählen mittlerweile zu den robustesten Pflanzen. Nicht zu viel düngen und immer erst dann gießen, wenn die Erde oberflächlich abgetrocknet ist.

Flamingoblumen, die zu groß geworden sind, einfach abschneiden und die Stecklinge neu wurzeln lassen.

Erstfrühling

„Wenn die Forsythie blüht ...“ Für viele ist dies noch immer die erste Bekanntschaft mit dem Phänologischen Kalender, denn da weiß man, dass die Rosen geschnitten werden müssen. Der Erstfrühling ist die Zeit der großen und kleinen Zwiebelblumen, der blühenden Kirschbäume und des ersten saftigen Grüns. Meist noch zart als erste Knospen, gegen Ende aber dann schon flächendeckend mit dem wieder „erwachten“ Rasen und dem nun kräftigen Vogelgesang. Die Tage werden länger und es wird zunehmend milder.
Dennoch: Die witterungsmäßigen Rückschläge sind in dieser Zeit oft gewaltig. Daher gilt auch hier: Nichts übereilen und sich an das alte Sprichwort halten: „Die Ersten werden die Letzten sein!“

Was ist jetzt zu tun?

Erstfrühling

Buschwindröschen

Rosskastanie

Löwenzahn

Kirsche

Forsythie

Sommergetreide

So erkennen Sie den Erstfrühling:

Buschwindröschen (*Anemone nemorosa*)
Die Blüte läutet den Anfang des Erstfrühlings ein.

Forsythie, **Goldglöckchen** (*Forsythia* x *intermedia*)
Zu Beginn des Erstfrühlings öffnen sich die ersten Blüten.

Löwenzahn (*Taraxacum officinale*)
Die Hauptblütezeit ist auch der Beginn und der Höhepunkt dieses Jahresteils.

Johannisbeere (*Ribes*)
Die Blüte markiert den Beginn der Jahreszeit.

Rosskastanie (*Aesculus hippocastanum*)
Am Ende des Erstfrühlings öffnen sich die Blattknospen.

Sommergetreide
Das erste Blattgrün markiert das Ende der Erstfrühlingszeit.

Ziergarten

› Herbstblühende Stauden und mehrjährige Gräser lassen sich immer noch gut teilen und verpflanzen.

› Frühe Krokusse und Winterlinge lassen sich nach dem Einziehen der oberirdischen Pflanzenteile durch Teilung vermehren. Bei Blausternchen und Schneeglöckchen können Sie ganze Gruppen mit dem Spaten abstechen und verpflanzen.

› Legen Sie in den Teichüberlauf ein Sieb ein, damit die Teichbewohner nicht mit abgespült werden.

Nutzgarten

› Kiwis lassen sich nach den letzten starken Frösten pflanzen. Neben zweihäusigen Sorten gibt es auch einhäusige, die keine zusätzlichen Befruchter brauchen, z. B. 'Jenny'.

› Steckzwiebeln kommen spätestens im Erstfrühling in den Boden. Verwenden Sie möglichst haselnussgroße Zwiebeln. Nicht in schwere Böden und nicht tiefer als 1 cm stecken.

› Im Freiland ist Saatzeit für Spinat, Mangold, Rote Beete, Zwiebeln, Erbsen und den letzten Herbstlauch. Von Radieschen, Rettich und Salat am besten alle 2 Wochen nur kleine Sätze aussäen, um später immer gerade die richtige Menge ernten zu können.

Balkon & Terrasse

› Um das Verkahlen der Besenheide zu verhindern, können Sie sie um gut ein Drittel zurückschneiden.

› Auch jetzt können Sie noch Kübelpflanzen umtopfen und in Form schneiden. Bei älteren Oleandern und Engelstrompeten, die ohnehin schon in sehr großen Töpfen stehen, schneidet man einfach vom Wurzelballen rundherum etwa 3 cm ab. So lässt sich wieder ausreichend neue Erde einfüllen.

Zimmerpflanzen

› Umgetopfte Zimmerpflanzen in den ersten 4 Wochen nur wenig gießen und nicht düngen.

› Bei Birkenfeigen (*Ficus benjamina*), die im Winter viele Blätter verloren haben, jetzt die weichen Triebspitzen zurückschneiden.

Johannisbeereblüten

Fragen zum
Erstfrühling

Mit den ersten warmen Sonnenstrahlen wird auch das Tierleben im Garten wieder aktiv.

Ziergarten

Aktive Maulwürfe

Ich werde noch verrückt. Nach dem Winter hat mein Rasen wie ein Acker ausgesehen – lauter Maulwurfshügel. Was raten Sie mir? Gibt es eine biologische Abwehr? Im Radio haben Sie einmal gute Tipps gegeben, die ich aber leider vergessen habe.

Gute Tipps gibt es viele, aber keine wirken 100%ig. In den vergangenen Jahren waren die Maulwürfe und auch Wühlmäuse extrem aktiv. Bei den in vielen Regionen unter Naturschutz stehenden Maulwürfen dürfen Sie nur mit der Geruchtaktik vorgehen. Bewährt haben sich Jauchen (aus Holunderblättern), spezielle Duftkugeln und Fischreste, die direkt in die Gänge gelegt und vergraben werden. Bei Wühlmäusen sind Fallen die beste Abwehr. Immer Handschuhe tragen, dann ist die Jagdchance am größten.

Wenn die Forsythie blüht, ist Rosenschnittzeit

Der Obstbaumschnitt erfolgt im Spätwinter, heißt es. Die Rosen aber schneidet man erst, wenn die Forsythie blüht. Warum ist das so?

Berechtigte Frage, und eine Erklärung gibt's auch

dafür. Beginnen wir mit den Rosen. Wenn die Forsythie blüht, ist normalerweise die Gefahr von starken Nachtfrösten vorbei. Daher gibt's kaum noch Frostschäden nach dem Schnitt. Bei den Obstbäumen ist der Spätwinterschnitt deshalb ideal, weil die Pflanze ruht und die Nährstoffe in Rinde und Wurzel sind. Diese Kraft steht dann für den Neuaustrieb zur Verfügung. Daher kann man die Regel ein wenig abschwächen: Will man einen starken Austrieb, wird im Spätwinter geschnitten. Will man das Wachstum bremsen, dann ist im Erstfrühling beim Knospenschwellen und sogar noch später zu schneiden.

Regenwürmer – des Gärtners Freunde

In meinem Rasen tummeln sich die Regenwürmer und machen lauter kleine Häufchen. Wie kann ich die Tiere vertreiben bzw. wie vernichte ich sie?

Auf keinen Fall vernichten! Sie helfen den Boden zu lockern und sind nur dann lästig, wenn der Rasen nicht dicht genug ist. Daher sofort mit biologischem Dünger (das ist auch gleichzeitig Futter für die Würmer) den Boden versorgen, dann wird der Rasen zum Teppich und es gibt keine Erdhäufchen mehr, die man sieht und die stören. Verbessern kann man die krümelige Struktur durch Quarzsand. Ganz wichtig: Niemals zu kurz mähen – Stufe 3 bis 4 (ca. 4 cm) ist ideal. Die Erdkrümel der Würmer sind übrigens wertvollster Dünger. Sammelt man ihn, kann er auf die Erde von Zimmerpflanzen oder im Gemüsegarten aufgestreut und leicht eingearbeitet werden.

Schmetterlingsflieder zurückschneiden

Ich möchte gern wissen, wie ich meinen Schmetterlingsflieder zurückschneide.

Ein recht radikaler, blütenfördernder Schnitt erfolgt im zeitigen Frühjahr. Sie sollten allerdings schon ab Ende August die verblühten Teile wegschneiden, damit sich der invasive Neophyt nicht versamen kann.

Freesien früh pflanzen

Freunde aus England haben mir Freesienknollen geschickt. Laut Beschreibung kann ich sie schon im April hinaussetzen. Geht das wirklich schon?

Ja, sicher, denn bis die Freesien aus dem Boden gewachsen sind, gibt es auch in unseren Breiten keine Frostgefahr mehr.

Schnitt bei Zierkirschen

Rasen anlegen

Mein Tipp

Bequem für Faule ist das Rasenanlegen nicht. Doch wer zu Beginn in die Hände spuckt, kann später auf dem Rasen liegen und die Seele baumeln lassen. Den Boden zunächst vom Unkraut säubern und bei schweren Böden eine bis zu 5 cm starke Schicht Quarzsand auftragen und einfräsen. Große Steine entfernen, mit Kompost 1 bis 2 cm dick aufstreuen und leicht einarbeiten. Rasen aussäen, gießen und nach dem Anwachsen ausreichend organisch düngen.

Erstfrühling

Kann ich die japanische Kirsche zurückschneiden, und wenn ja, wann und wie viel?

Ja, die kann man schneiden, aber sinnvollerweise nach der Blüte, weil man sonst die Blüten wegschneidet. Ein Schnitt im Spätwinter ist natürlich auch möglich.

Frühlingsboten aus dem Zimmer auspflanzen

Ich liebe die Frühlingsblumenzwiebeln als Frühlingsboten im Topf fürs Zimmer. Kann ich die Zwiebeln dann auspflanzen, lohnt sich das?

Unbedingt! Diese Zwiebeln werden im Garten sicherlich wieder blühen, allerdings muss man sie nach dem Abblühen weiter gießen und vor allem düngen. Ins Freie sollten Sie die Pflanzen erst nach den letzten, ganz starken Frösten setzen, da sie von der Zimmerkultur verweichlicht sind. Beste Erfolge erziele ich immer mit Narzissen und Hyazinthen. Tulpen tun sich meist mit der zweiten Blüte schwer.

Rosen anhäufeln schützt vor Sonne

Warum sollen Rosen, die im Frühjahr wurzelnackt gepflanzt, auch noch angehäufelt werden, wo es doch keinen Frost mehr gibt?

Das Anhäufeln ist nicht ein Frost-, sondern ein Sonnen- und damit ein Verdunstungsschutz. Die wurzelnackten Rosen würden, vor allem bei einem sehr warmen Frühjahr, noch ein wenig austreiben und dann vertrocknen. Gleiches gilt übrigens auch für das Umpflanzen von Rosen. Hier müssen die Triebe stark (auf 30 cm) zurückgeschnitten werden und so lange angehäufelt bleiben, bis die neuen Triebe 10 bis 15 cm lang sind.

Frühlingsboten werden bereits ausgepflanzt – auch jene, die im Haus für bunte Farbtupfer gesorgt haben.

Nutzgarten

Mischkultur im Biogarten

Ist es richtig, dass man Petersilie zu Karotten und Zwiebeln pflanzen soll, damit sie stärker wächst? Angeblich sollen Tomaten einen besseren Geschmack bekommen, wenn zwischen den Pflanzen Sellerie gesetzt wird. Ist das auch richtig?

Die Mischkultur ist eine ganz wichtige Komponente des biologischen Gärtnerns. In bunter Mischung wird gepflanzt, damit sich Pflanzen z. B. Beispiel gegenseitig helfen – der Duft der Karotte vertreibt die Zwiebelfliege, umgekehrt verscheucht die Zwiebel die Karottenfliege. Manche Pflanzen verbessern den Geschmack – da ist aber die feine Zunge jedes Einzelnen gefragt.

Rettich nicht aufs gleiche Beet

Ich habe Samen vom Japanischen Hybridrettich gekauft und ausgesät. Ich war mit dem Gemüse sehr zufrieden, weil es riesige Rettiche gab, allerdings waren sie im Geschmack sehr fad. Nachdem ich noch Samen habe, möchte ich nochmals mein Glück versuchen. Muss ich bei der Kultur etwas beachten, damit der Geschmack kräftiger wird?

Beim Rettich gilt: Tiefgründiger, humoser Boden, der im Frühjahr mit etwas Kompost versorgt wird und bei dem pro Quadratmeter etwa zwei Hände voll Hornspäne eingearbeitet werden. Nie austrocknen lassen. Eventuell mit Brennnesseljauche 1- bis 2-mal nachdüngen. Und – ganz wichtig: erst nach 3 Jahren wieder auf dasselbe Beet säen. Kreuzblütler (da gehört der Radi dazu) sollten auch dazwischen nicht angebaut werden.

Garten-irrtümer

Alles aus der Küche kommt auf den Kompost. FALSCH!

Der Komposthaufen im Garten funktioniert anders als die Biotonne und damit die Heißkompostierung der großen Kommunalanlagen. Daher niemals Knochen, Fleisch, Reis, Nudeln oder andere Speisereste auf die kleine Erdfabrik kippen – garantierte Besucher: Ratten.

Pheromonfallen locken männliche Falter des Apfelwicklers mit einem Duftstoff an und bleiben in der Falle auf dem Leimboden kleben.

Zahlreiche – vor allem ältere – Apfelsorten benötigen einen Befruchtungspartner, um die Fruchtbildung zu fördern.

Fehlende Befruchtungspartner

Wir haben in unserem Garten einen Gravensteiner-Baum, ca. 22 Jahre alt; er blüht jedes Jahr reichlich, aber er trägt keine Äpfel. In seiner unmittelbaren Nähe haben wir einen sehr gut tragenden Kirschbaum mit großen Herzkirschen, eine Williams-Birne (unterschiedlich gut tragend) und eine große Zwetschke (mäßig gut tragend). Es gibt in unserer Umgebung keinen weiteren Apfelbaum. Was kann ich tun, um die Fruchtbildung zu fördern? Brauche ich einen speziellen Befruchter?

Ihr Gravensteiner benötigt (dringend) einen Befruchter. Ananasrenette, Berner Rosen, Boikenapfel, Croncels, Gelber Edelapfel, Ingrid Marie und James Grieve haben sich bewährt. Auf jeden Fall ist er nicht selbstfruchtend. Mein Tipp, den ich in solchen Situationen immer wieder gebe: Einige blühende Äste oben genannter Sorten in einer Vase in den Baum binden, damit kommt es rasch zur Befruchtung.

Triebspitzensterben bei Steinobst

Gibt es ein Biomittel gegen die Monilia, die Spitzendürre?

Wenn bei Marillen oder Kirschen die Spitzen der Triebe eintrocknen, dann hilft ein sofortiger Rückschnitt ins gesunde Holz. Vorbeugend kann während der Blüte eine Kren-(Meerrettich-)Brühe in die Krone gesprüht werden: 300 g Blätter oder klein geschnittene Krenwurzen mehrere Tage ansetzen und dann unverdünnt sprühen. Gute Wirkung erzielt man auch mit Schachtelhalmextrakt (Zinnkraut). Das kauft man entweder fertig oder man nimmt einen 10-Liter-Kübel, füllt zur Hälfte Ackerschachtelhalm ein und ergänzt mit Regenwasser. Nach 24 Stunden Stehzeit mindestens eine ¾ Stunde köcheln lassen (dann löst sich die Kieselsäure) und dann 1 : 5 verdünnt tropfnass aussprühen.

Gartenkräuter vorsichtig ins Freie

Ich liebe Kräuter! Welche sind so frostfest, dass ich sie schon vor den Eisheiligen in Kisterln setzen kann?

Schnittlauch, Petersilie, aber auch Rosmarin, Salbei und Thymian können relativ früh ins Freie. Achten Sie darauf, wo die Kräuter in der Gärtnerei oder im Gartencenter standen. Waren sie im Gewächshaus, dann sind die Pflanzen frostempfindlicher und müssen bei starker Kälte langsam abgehärtet werden. Vlies, Leinentücher oder Zeitungspapier schützen solche Pflanzen ganz gut.

Pflücksalat für die erste Ernte

Lohnt es sich, Pflücksalate im Frühbeet anzubauen?

Welche Frage! Natürlich – gerade diese Pflücksalate liefern schon nach wenigen Wochen die ersten frischen, vitaminreichen Blätter. Kombiniert mit Radieschen und Kohlrabi ist ein solches Frühbeet eine erste Vorratskammer für Frühlingsgemüse, das auch ohne Pflanzenschutzmaßnahmen auskommt. Ein Tipp: Pflücksalat eher dichter setzen, dann kann man einzelne Pflanzen als schnelle Ernte verwenden und schafft Platz für die anderen, die mit vielen Blättern rascher wachsen.

BIO-TIPP

Gefürchteter Dickmaulrüssler

Ein Schädling, der vor allem in den vergangenen Jahren viele Probleme bereitet, ist der Dickmaulrüssler. Der Käfer lebt zunächst als Larve (kleiner weißer Engerling) im Boden und frisst dort die Wurzeln an. Oft so stark, dass uralte Rhododendren, Kamelien, Kirschlorbeer oder auch Efeu und Pfingstrosen kaputtgehen. Nun sollte man mit Nematoden diese lästigen Schädlinge bekämpfen. Im Pulver, das meist per Post zugeschickt wird, leben Millionen von Fadenwürmern. Das sind die natürlichen Feinde der Dickmaulrüssler.
In gleicher Weise wird auch die braungrüne Larve der Wiesenschnake bekämpft. Auch sie macht zunehmend Probleme im Garten und richtet in Rasenflächen, aber auch im Gemüsegarten Schäden an.

Viele Gemüsearten und Kräuter werden jetzt im Glashaus oder am Fensterbrett ausgesät und kommen nach den Eisheiligen ins Freie.

Balkon & Terrasse

Dauerhafte Balkonbepflanzung

Ich pflanze jedes Jahr auf meinem Balkon Pelargonien, möchte aber diesmal gerne etwas Dauerhaftes setzen, was nicht jedes Jahr erneuert werden muss, aber auch schön blüht. Welche Pflanzen sind winterhart und dafür geeignet?

In kleinen Balkonkästen werden dauerhaft kaum Pflanzen langfristig überleben. Für Dauerbepflanzungen müssen Sie mindestens 20 cm breite und ebenso tiefe Kisterln verwenden. Dort können Sie dann eine Vielzahl an robusten Stauden (jene, die extreme Witterungsverhältnisse vertragen) setzen: Schafgarbe, Wolfsmilch, Frauenmantel und klein bleibende Gehölze wie die Forsythie 'Maree d'Or', die nur 80 cm hoch wird.

Sommerblumen vor den Eisheiligen pflanzen

Es heißt immer, dass Sommerblumen erst Mitte Mai nach den Eisheiligen ins Freie gepflanzt werden sollen. Ich habe aber jedes Jahr das gleiche Problem: Die Pflanzen gibt es bereits ab April zu kaufen. Das ist zu früh, da ich keinen geeigneten Platz bis Mitte Mai im Zimmer habe. Und wenn ich dann im Mai einkaufen gehe, gibt es nur noch eine sehr beschränkte Auswahl. Darf ich mich auch trauen, die Pflanzen schon im April ins Freie zu stellen?

Ja, Sie dürfen, müssen aber alles so pflanzen, dass Sie die empfindlichen Sommerblumen mit Vlies (doppellagig) schützen. In Blumenkästen gepflanzt, werden sie vor kalten Nächten vorsorglich zum oder ins Haus gestellt.

Keine einheitliche Bepflanzung

Welche winterharten, nicht laubabwerfenden Pflanzen, die nur zwischen 10 und 40 cm groß werden, passen in meine Alu-Dachtröge?

Ich würde an Ihrer Stelle keine einheitliche Bepflanzung wählen. Klein bleibende Koniferen (Eiben, Wacholder etc.), kombiniert mit Steingartenpflanzen (*Sedum, Sempervivum, Armeria, Saxifraga*), aber auch einigen Frühlings- und Herbstblumenzwiebeln sowie kleine, horstbildende Gräser schaffen eine bunte Vielfalt und Abwechslung im Jahreslauf.

Mein Tipp

Blumenzwiebeln im Topf

Es gibt 2 Möglichkeiten, die Frühjahrsboten mit den dicken Zwiebeln in die Töpfe, Schalen und Balkonkästen zu bekommen. Entweder es wurde im Herbst vorgedacht oder man besorgt sich nun die vorgezogenen Pflanzen. Narzissen, Tulpen, Hyazinthen, aber auch Krokusse, Blausternchen und sogar Kaiserkronen sind zu bekommen. Nach dem Abblühen die Pflanzen in den Garten setzen.

Kräuter, die einen dichten Wurzelballen haben, werden am besten im Erstfrühling umgetopft.

Pelargonien aus dem Winterquartier

Erstmals ist es mir gelungen, meine Pelargonien zu überwintern. Sie standen im Stiegenhaus und haben jetzt extrem lange Triebe. Was soll ich machen?

Ich würde sie jetzt umtopfen. Wenn Sie den Zeitpunkt verpasst haben und die Pflanzen bereits wachsen, dann lieber so: Pflanzen ausputzen, die ganz langen Triebe zurückschneiden, und die oberste Erdschicht im Kisterl entfernen und durch eine neue, mit Langzeitdünger angereicherte Erde ersetzen. Nicht gleich in die volle Sonne stellen, sonst verbrennen die Blätter. Nach einer Woche an den gewohnten Platz stellen und die Pflanzen werden nach wenigen Wochen in voller Pracht erblühen.

Oleander verträgt Kälte

Kann ich im März schon den Oleander ins Freie stellen? Im Burgenland habe ich das einmal beobachtet. Ist das eine spezielle Sorte?

In milden Gegenden kann der Oleander (je nach Witterung) bereits wieder ins Freie gestellt werden. Ideal ist zunächst ein Standort an einem geschützten Platz oder an der Hauswand und keine volle Sonne um die Mittagszeit. Man muss ihn nachts gegebenenfalls mit einem Vlies schützen. Temperaturen bis −3 °C verträgt er problemlos, allerdings nur dann, wenn er im Winterquartier nicht zu warm gestanden ist. Daher zuerst abhärten und den Wetterbericht nicht aus dem Auge lassen.

Olivenbäumchen werden am besten in Kübelpflanzenerde gesetzt – oder die Erde mit Sand mischen, um Staunässe zu vermeiden.

Kräuterkisterl für den Balkon

Ich möchte ein Kräuterkisterl auf meinem Balkon anlegen. Kann ich alle Sorten nebeneinandersetzen?

Ja, das geht. Wichtig ist, gut zu düngen. Damit Sie den ganzen Sommer über ernten können, brauchen Sie allerdings mehrere Pflänzchen von jeder Sorte. Wichtig: Schnittlauch niemals komplett zusammenschneiden, nur so wächst er wieder. Und viel gießen!

Oleanderschnitt nur nach Bedarf

Soll bzw. muss ich meinen Oleander schneiden?

Nein, den Oleander müssen Sie nicht unbedingt schneiden. Wenn, dann aber jetzt. Allerdings wird er an den Ästen dann kaum Blüten bilden. Daher rate ich immer, die Hälfte der Äste bodeneben zu entfernen, die treiben dann kräftig durch. Der Rest blüht dieses Jahr und wird im kommenden Erstfrühling entfernt.

Die richtige Erde für Olivenbäumchen

Ich habe mein Olivenbäumchen jetzt das 3. Jahr. Der Topf scheint voll mit Wurzeln zu sein. Wann und mit welcher Erde soll ich umtopfen?

Jetzt ist die beste Zeit dafür. Kübelpflanzenerde oder normale Packungserde vermischt mit Sand oder Tongranulat sowie Hornspäne als organischer Dauerdünger sind ideal. Topf nicht zu groß wählen, sonst gibt es Staunässe. 2 bis 3 cm größer ist ideal.

Zimmerpflanzen

Grüner Philodendron-Daumen

Ist es normal, wenn ein Philodendron 15 Blüten hintereinander bekommt? Scheinbar folgen noch welche.

Ein besonders grüner Daumen! Denn normalerweise blühen diese Pflanzen nicht. Der Standort und die Düngung sind offenbar optimal. Genießen Sie den Duft!

Kein Rückschnitt bei Palmen

Diesen Winter haben wir unsere Phoenix-Palme gerade noch in den Wintergarten gebracht. Können wir sie diesen Sommer zurückschneiden, damit sie wieder verjüngt wird und ins Winterquartier passt?

Leider nein! Palmen haben nur einen Vegetationspunkt und der liegt ganz oben, wo sich die neuen Blätter bilden. Würde man den abschneiden, stirbt die Palme.

Kamelien mögen keine Nässe

Vor 2 Jahren habe ich einen kleinen Kamelienstock gekauft, der sich mit dem Wachsen viel Zeit lässt und eher vor sich hin kümmert. Dieses Frühjahr hat er zwar sehr schöne, frische Blätter bekommen, diese zeigen aber seit einigen Wochen braune Sprenkel. Was fehlt dieser Pflanze?

Kamelien sind an sich robust, sie mögen nur ein paar Dinge ganz und gar nicht: Temperaturen jenseits der 15 Grad, trockene Zimmerluft und Staunässe oder auch das Austrocknen der Erde. In Ihrem Fall ist die Erde sicherlich zu nass gewesen. Regelmäßig gießen, eventuell tauchen, aber niemals Wasser im Untersetzer oder Übertopf stehen lassen.

Mein Tipp

Zimmerpflanzen vermehren

Gerade zu Beginn der Wachstumssaison lassen sich Zimmerpflanzen gut vermehren.
Ob Efeu, Philodendron oder auch die Yucca – alle Triebe, die zurückgeschnitten werden, können sofort als Stecklinge genutzt werden. Sandige Aussaaterde ist als Substrat ideal. Triebteile in die Töpfe stecken und als Verdunstungsschutz ein Plastiksackerl darüberstülpen. Nach wenigen Wochen bilden sich Wurzeln und die neue Pflanze beginnt zu wachsen.

Kamelien lieben ein gleichmäßig feuchtes Substrat ohne Staunässe oder Wasser im Untersetzer bzw. Übertopf.

Vollfrühling

Alles blüht, alles duftet – die Vögel singen. Das Herz der Garten- und Naturliebhaber geht in diesen Wochen über. Kaum ein Tag, an dem es nicht irgendwelche neue Blüten gibt. Der Flieder steht in voller Blüte, im Obstgarten blühen die Apfelbäume und die Blumenwiesen zeigen sich in ihrem herrlichen Blütenkleid. Der Vollfrühling startet meist in den letzten Apriltagen, um Mitte Mai erreicht dann diese Jahreszeit der Natur ihren Höhepunkt. Einmal mehr „duftet" nun die Natur in den verführerischsten Varianten. Für mich ist nicht zuletzt die Blüte des Maiglöckchens so eine Symbolpflanze für den Vollfrühling. Aber auch die Blüte der Tulpen gehört in diese Jahreszeit: ob als kleine Wildtulpe oder als stattliche Solitärpflanze, die dann die Vasen füllt. Vollfrühling – überall.

Was ist jetzt zu tun?
Vollfrühling

Weißdorn

Maiglöckchen

Himbeere

Bärlauch

Rosskastanie

Eiche

So erkennen Sie den Vollfrühling:

Maiglöckchen (*Convallaria majalis*)
Die Blüte läutet den Anfang des Vollfrühlings ein.

Rosskastanie (*Aesculus hippocastanum*)
Zu Beginn des Vollfrühlings steht die Rosskastanie in voller Blüte.

Bärlauch (*Allium ursinum*)
Die Blüte markiert den Beginn der Jahreszeit.

Flieder (*Syringa vulgaris*)
Am Anfang des Vollfrühlings setzt die Blütezeit ein.

Goldregen (*Laburnum anagyroides*)
Die Blüten erscheinen am Ende des Vollfrühlings.

Himbeere (*Rubus idaeus*)
Die Blütezeit startet mit dem Ende des Jahresteils.

Eiche (*Quercus*)
Der Blattaustrieb zeigt das Ende der Jahreszeit an.

Weißdorn (*Crataegus monogyna*)
Die Blüten öffnen sich am Ende des Vollfrühlings.

Ziergarten

- Von Zwiebelblumen das Laub nicht abschneiden, sondern einziehen lassen. Damit kann die Pflanze ausreichend Kraft für nächstes Jahr sammeln.
- Rasenneuanlagen oder Ausbesserungsarbeiten im Rasen werden jetzt vorgenommen. Auch Blumenwiesen können ausgesät werden.
- Verwelkte Blütenstände regelmäßig ausschneiden, damit es zu keiner Samenbildung kommt.

Nutzgarten

- Kohl, Lauch, Salat und Sellerie können ins Freie gepflanzt werden.
- Spindel- und Spalierobstbäume mit einem Vlies vor Spätfrösten schützen. Auch Erdbeerblüten reagieren empfindlich auf Kälte.
- Im Gemüsebeet können Sie anstatt zu mulchen als Zwischensaat Kresse, Radieschen und Spinat säen. Auch einige Kräuter eignen sich.

Balkon & Terrasse

- Engelstrompeten, Fuchsien, Bleiwurz und Wandelröschen blühen prächtig, wenn Sie diese in einen großen Kunststoffkorb mit weiten Maschen im Garten auspflanzen. Die Wurzeln können sich in die umgebende Erde ausbreiten. Im Herbst den Korb einfach ausgraben und ins Winterquartier stellen.
- Nach den letzten Spätfrösten können Buchsbäume wieder in Form geschnitten werden. Wird zu früh geschnitten, sind die jungen Triebe gefährdet.
- Am Fenster herangezogene Blumen und Kräuter abhärten und tagsüber im Freien schattig aufstellen.

Zimmerpflanzen

- Flieder im knospigen Zustand können Sie für die Vase schneiden. Blätter entfernen.
- Zimmerpflanzen, die den Sommer über im Freien verbringen, können langsam abgehärtet werden. Stellen Sie die Pflanzen an einem windgeschützten Platz auf. Volle Sonne vermeiden. Abends wieder ins Haus holen.

Flieder

Fragen zum **Vollfrühling**

Nicht lange nach der Apfelblüte beginnt der Flieder zu blühen – in seiner Urform lila. Viele Schmetterlinge flattern bereits zu den Blüten.

Ziergarten

Narzissenzwiebeln bleiben im Boden

Ich habe im Herbst Narzissen im Kunststoffkorb in den Boden gepflanzt. Ist es sinnvoll, diese nach der Blüte wieder auszugraben, oder kann der Plastikkorb im Boden bleiben?

Narzissen muss man nicht unbedingt ausgraben. Wichtig ist es, sie zu düngen. Und zwar immer dann, wenn der Blattaustrieb knapp 10 cm hoch ist. Ich verwende dafür einen organischen Rasendünger, der enthält viel Stickstoff.

Rosen als Unkrautunterdrücker

Auf einem kleinen Hang, der an mein Grundstück anschließt, möchte ich gern Bodendeckerrosen pflanzen, die kein Unkraut durchlassen und schön dicht wachsen. Sie sollten auch sich selbst überlassen werden, also sozusagen ohne Pflegeaufwand. Gibt es Sorten, die Sie dafür empfehlen können?

Bodendeckerrosen sind hervorragende Bodendecker. Zuerst sollte aber die Fläche möglichst unkrautfrei gemacht werden. Wahrscheinlich werden Sie in den ersten Jahren noch (mühevoll) zwischen den Pflanzen Unkraut jäten müssen, ehe der Boden dicht bewachsen ist. Ich würde in diesem Fall sogar empfehlen, ein Unkrautvlies aufzulegen und die Rosen mittels eines

Kreuzschnitts zu pflanzen, damit ist das Problem Unkraut keines mehr. Sorten gibt es unendlich viele: 'Heidetraum' ist wunderbar, 'The Fairy' ebenso!

Blumenwiese auf den Boden abstimmen

Mein Garten ist sehr klein, gern möchte ich aber eine Blumenwiese aussäen. Gibt es bestimmte Vorgaben für die Größe? Muss ich etwas Spezielles beachten?

Blumenwiesen wachsen am besten auf kargen, vollsonnigen Böden. Humusreiche, schattige Wiesen werden kaum eine Blütenfülle bekommen. Für jeden Standort gibt es dafür eine spezielle Mischung.

Blühfauler Blauregen

In meinem Garten steht eine 20 Jahre alte Glyzinie. Sie entwickelte unzählige Blüten bis zu einer Länge von ca. 1,1 m. Seit 2 Jahren bleiben diese Blüten zu meinem Leidwesen zur Gänze aus. Ich muss mich mit dem Betrachten üppiger Blätter zufriedengeben. Die Pflege erfolgte immer nach den Anleitungen wie folgt: 2-maliges Düngen, Zurückschneiden der Triebe und ausreichendes Gießen.

Es ist eher ungewöhnlich, dass Glyzinien bzw. der Blauregen (*Wisteria*) aufhören zu blühen. Ich vermute hier – wenn der Schnitt nicht gravierend verändert wurde – Spätfröste. Sie können die empfindlichen Knospen sehr stark schädigen. Vielleicht eine Maßnahme setzen: Im Spätherbst die Glyzinie mit Patentkali düngen, das kann die Frostfestigkeit erhöhen.

Forsythien nach der Blüte schneiden

Kann ich einen Forsythienstrauch nach der Blüte radikal zurückschneiden? Ich möchte einzelne ältere Triebe ganz wegschneiden und die restlichen Triebe auf ein Drittel kürzen.

Ja, das ist genau der richtige Zeitpunkt. Der Strauch wird wieder austreiben und auch im kommenden Jahr erneut blühen.

BIO-TIPP

Im Frühling an den nächsten Frühling denken

So ungewöhnlich es klingt. Gärtnerinnen und Gärtner sollten schon wieder an den Frühling des nächsten Jahres denken. Denn nur wer seine Narzissen düngt, wenn die Blätter 10 cm groß sind (mit Hornmehl oder Biorasendünger), der wird auch im kommenden Jahr wieder ein Blütenfeuerwerk genießen können. Und Blätter erst dann abschneiden, wenn sie braun geworden sind.

Blauregen ist anfällig für Spätfröste. Tipp: Im Spätherbst mit Patentkali düngen, das die Frostfestigkeit erhöht.

Erdhäufchen im Rasen

Wir haben einen schönen Rasen (nicht unkrautfrei), nur plagen uns seit einigen Jahren immer mehr kleine Erdhäufchen, die zu Hunderten den Boden bedecken. Außerdem finden wir immer mehr kleine trichterförmige Löcher mit etwa 5 cm Durchmesser. Was ist das und haben die beiden miteinander etwas zu tun?

Die beiden „Probleme“ haben miteinander vermutlich zu tun. Die Erdhäufchen sind Regenwurmkot – meist vom Tauwurm. In manchen Gärten breitet er sich rasant aus. Und die Minikrater sind sicherlich vom Igel, der nach den Würmern oder nach Engerlingen gräbt. Mein Tipp: Rasen kräftig absanden und mindestens 3-mal pro Jahr organisch düngen. Ganz wichtig: Nicht zu kurz mähen (etwa Stufe 3 bis 4), dann bildet der Rasen einen dichten Teppich und die Wurmhäufchen sind nicht zu sehen.

Schnecken lieben Dahlien

Die vergangenen Jahre hatte ich Pech mit meinen Dahlien. Sie wuchsen fast nicht, kamen beinahe nicht aus der Erde und die Knollen waren teilweise faulig. Der Garten ist vor 3 Jahren angelegt worden. Im ersten Jahr waren sie herrlich!

In neu angelegten Gärten gibt es kaum Schneckenprobleme, erst nach 1 bis 2 Jahren sind die lästigen Tiere da und fressen die Knospen Ihrer Dahlien. Ist der Boden auch noch staunass, dann kommt es als

Schnecken fressen gerne die jungen Knospen von Dahlien. Ein Trick: Dahlien zunächst in Töpfen vorziehen.

Folge meist zu Fäulnis. Daher mein Tipp: Dahlien zuerst in Töpfen vorziehen und ab Ende Mai, wenn die Triebe gut 15 cm hoch sind, auspflanzen. Notfalls Schneckenkorn auf Eisen-III-Phosphat-Basis (für Biolandbau zugelassen) streuen. Den Boden mit Kompost verbessern und Hornspäne beim Pflanzen einarbeiten.

Rosen sind selbstunverträglich

Ich möchte auf einer Böschung Bodendeckerrosen entfernen, weil sie kaum wachsen und alt sind. Darf ich hier wirklich keine Rosen neu pflanzen? Was soll ich setzen?

Rosen sind tatsächlich selbstunverträglich – hier müsste bei jedem neuen Pflanzloch die Erde großzügig ausgetauscht werden. Die Frage ist, ob die Rosen tatsächlich erneuert werden müssen. Starker Rückschnitt und kräftige Düngung „beleben" diese. Anstelle der Rosen können Sie den Fünffingerstrauch setzen, der extrem robust ist.

Befall durch die Rosenblattrollwespe

Kann ich jetzt schon etwas gegen die eingerollten Rosenblätter unternehmen? Sie werden von Jahr zu Jahr mehr.

Im Mai ist es zu spät, denn die sogenannte Rosenblattrollwespe beginnt schon im April mit der Eiablage. Befallene Blätter entfernen und entsorgen. Allerdings: Nicht in jedem Blatt ist ein Ei. Manche Blätter werden von der Wespe zum Schutz der Nachkommen nur zur Täuschung „geimpft". Sie rollen sich ein, ohne dass ein Ei oder eine Larve zu finden ist. Nach dem ersten Frost im Herbst den Boden um die Rosen bearbeiten, dann werden die überwinternden Puppen vernichtet.

BIO-TIPP

Rosenblattrollwespe

Wenn Sie den Befall einer Rosenblattrollwespe erkennen, sollten Sie rasch handeln: Entfernen Sie die befallenen Blätter und vernichten Sie diese. Damit verhindern Sie, dass sich der Befall ausbreiten kann und sich womöglich im Folgejahr verstärkt. Chemische Mittel sind meist wirkungslos, weil sich die Larven im Blattinneren verstecken. Daher ist es besser, dem Befall vorzubeugen. Den Boden rund um die Pflanzen gründlich bearbeiten – vor allem dann, wenn Sie Ihren Garten winterfest machen, da sich die Puppen zum Überwintern in den Boden lassen und dadurch vernichtet werden.

Entfernen Sie die von der Rosenblattrollwespe befallenen Blätter und bearbeiten den Boden nach dem ersten Frost im Herbst.

Nutzgarten

Schwarzbeeren ins Hochbeet

Ich möchte gern Schwarzbeeren im Garten haben. Wie mache ich das?

Garten- (oder Kultur-) Heidelbeeren gedeihen nur in saurer Erde – so wie die Rhododendren. Am besten ein kleines Hochbeet (30 bis 40 cm hoch) anlegen und mit Gehölzschnitt, Wald- oder Rhododendronerde füllen. Mindestens 2 Pflanzen setzen, dann ist die Befruchtung besser.

Drahtwürmer fressen Salat

Wir haben uns vor Kurzem ein Hochbeet gebaut und Salatpflanzen gesetzt. Jedoch wurden diese von Tag zu Tag weniger. Im Erdreich sind Raupen. Was tun?

Sind sie orangefarbig, dann handelt es sich um Drahtwürmer (halbe Erdäpfel als Fallen 10 cm tief eingraben, alle 2 Tage kontrollieren und die Würmer vernichten), sind sie grün-braun, dann handelt es sich um Eulenraupen. Mit Raupenspritzmittel gießen. Für Nützlinge und Menschen ungefährlich.

Nussbaum erst im Spätsommer schneiden

Beim Walnussbaum habe ich heuer im April mehrere große Äste abgeschnitten. Seither fließt ein nicht enden wollender Saftstrom aus den Schnittwunden. Überlebt das der Baum? Wie kann ich das bremsen?

Oje – da kann man nur hoffen, dass der Baum genug Kraft hat. Nussbäume „bluten" oft wochenlang. Junge Bäume überleben einen derartigen Schnitt nur selten, ältere verkraften es, wenn die Schnittmaßnahmen nicht zu stark waren. Bremsen kann man den Saftstrom nicht, nur abwarten. Für die Zukunft: Nussbäume werden im Spätsommer geschnitten, da ist der Saftdruck gering und die Wunden heilen rasch.

Warum Zucchinifrüchte faulen

Ich habe meine Zucchini vor einer Woche ins Freie gesetzt und jetzt bekommen die Pflanzen teilweise gelbe Blätter. Was habe ich falsch gemacht?

Keine Angst, noch hat die Pflanze zu wenig Wurzeln, um die Blätter zu versorgen. Eventuell mit Bioflüssigdünger helfen und, ganz wichtig: Die ersten 3 Fruchtansätze entfernen. Diese faulen, wenn sie zu wenig Wurzeln haben.

Kartoffeln im Topf

Mein Tipp

Linzer Blaue, Bamberger Hörnchen – Kartoffeln, die man im Supermarkt bekommt, die aber wie alle anderen Erdäpfel auch auf der Terrasse gezogen werden können. In einen Tontopf mit 60 cm Durchmesser etwa 20 cm hoch sandige Erde füllen und 5 Kartoffeln in die Erde drücken. Sind die Triebe 10 cm hoch, mit Erde so auffüllen, dass die Triebe gerade mit dem Substrat bedeckt werden. Wiederholen, bis der Topf völlig gefüllt ist. Ist das Laub dann vergilbt, beginnt die Ernte.

Setzen Sie vorgezogenen Salat jetzt ins Freie. Tipp: Dazwischen Radieschen setzen, die geerntet werden können, wenn der Salat Köpfe bildet.

Ohrwürmer gegen Blattläuse

Mein junger Kirschbaum leidet unter den schwarzen Kirschblattläusen. Soll ich alles wegschneiden? Wie kann ich vorbeugen?

Abstreifen, abwaschen oder mit Schmierseifenwasser (1 EL auf 1 l Wasser) einsprühen. Ohrwurmhäuschen (Tontopf mit Holzwolle) anbringen.

Mehltau an Gurken

Was kann ich gegen Mehltau und die gelblichen Blätter bei Gurken unternehmen?

Mehltau ist der Schönwetterpilz, den Gurken ist es zu heiß. In Zukunft Sorten wählen, die resistent sind.

Hellgrüne Blätter sind auf Düngermangel oder auf Spinnmilben (an der Blattunterseite) zurückzuführen. Schmierseifenlösung hilft gegen den Befall.

Kräuselkrankheit am Pfirsich

Mein Pfirsichbaum hat wunderbar geblüht, jedoch seit ein paar Wochen verliert er viele Blätter. Die drehen sich ein, fallen ab und jucken derartig, wenn sie angefasst werden. Was kann ich tun?

Es handelt sich mit Sicherheit um die Kräuselkrankheit. Für heuer kann man wenig machen: Alle kranken Blätter, die abgefallen sind, entfernen. Im kommenden Jahr – vor dem Austrieb – mit Grünkupfer spritzen. Das reduziert die Probleme.

Balkon & Terrasse

Grüne Zitronen

Ich habe einen wunderschönen Zitronenbaum mit Zitronen, die schon seit September grün sind. Wann werden die gelb und wann kann ich ihn wieder ins Freie stellen?

Zitrusfrüchte brauchen 1 Jahr, bis sie reif sind, es kommen aber gleichzeitig neue Blüten. Ins Freie kommen alle Zitrus erst nach den Eisheiligen.

Weiße Mandelblüten?

Ich habe seit 5 Jahren ein Mandelbäumchen am Balkon – und heuer blüht es nur an den untersten Zweigen mit den typischen rosa Blüten. Alle anderen auf den oberen Zweigen sind weiße Kirschblüten.

Alle Mandelbäumchen sind auf Kirschen veredelt – da hat der „Wildling" ausgetrieben und zu blühen begonnen. Schneiden Sie diese nicht ab, wird es bald keine rosa Blüten mehr geben.

Garten-irrtümer

Die Kräuterschnecke: ideal für alle Kräuter. FALSCH!

Minzen sollte man in die Kräuterschnecke nur in große Blumentöpfe setzen, denn sie überwuchern innerhalb von wenigen Monaten den gesamten Bereich. Besonders die Küchenkräuter, wie Petersilie und Schnittlauch, benötigen deutlich mehr Nährstoffe und sind oft im Gemüsebeet besser aufgehoben.

Gelbtafeln gegen Rhododendronzikade

Auf unseren Azaleen bzw. Rhododendren befinden sich viele kleine grüne Tiere, sehen aus wie Heuschrecken, haben aber Flügel. Bei Berührung der Pflanze stieben sie auf. Können Sie mir einen Rat geben?

Das ist vermutlich die Rhododendronzikade – hängen Sie Gelbtafeln (beleimt, ungiftige Plastiktafeln) auf. Die Tiere fliegen auf Gelb und bleiben daran kleben.

Rosmarin ist eine Strandpflanze

Mein Rosmarin hat (wieder einmal) nicht überlebt! Ich versuche es dieses Jahr erneut. Gibt es einen Tipp, wie ich es richtig mache?

Ja, den gibt es! Rosmarin kommt aus dem Mittelmeerraum und ist dort eine Strandpflanze. *Rosmarinus* bedeutet „Tau des Meeres“. Daher ist das Substrat, in dem man die Pflanze meist kauft, nicht ideal:
Das bessere Substrat besteht zu ⅓ aus Sand, zu ⅓ aus Kies und der Rest ist ganz normale Gartenerde. Ein paar Hornspäne dazu – und das war's. Volle Sonne und keine Staunässe. Da wird sich die Pflanze wohlfühlen.

Erdmischung ohne Torf

Ich möchte meine Balkonblumen heuer gezielt in Blumenerde setzen, die keinen Torf enthält. Bisher habe ich die Erde selbst gemischt und auf die Bedürfnisse der verschiedenen Pflanzen abgestimmt. Torf war dabei ein fester Bestandteil. Was aber kann ich anstelle von Torf verwenden?

Torf ist erst in den vergangenen 60 bis 70 Jahren zum Standardsubstrat geworden, weil er billig ist und für jeden Zweck passend gedüngt werden kann. Die Nachteile sind aber klar: Die Natur wird durch den Abbau unwiederbringlich zerstört und im Gartenbau ist er ein Kurzzeithelfer. Daher: ⅓ Gartenerde mit einem Drittel Kompost – ideal wäre gut abgelagerter Lauberdekompost – und einem Drittel Quarzsand mit Kokosfasern oder gut verrottetem Rindenhumus mischen. Hornspäne oder biologischen Dünger einmengen.

Mitte Mai: Pflanzzeit!

Ich habe Tomaten, Paprika und Gurken erstmals selbst gezogen, darf ich die schon hinaussetzen?

Ein klares Nein! Warten Sie noch, bis der Vollfrühling vorbei ist, da noch die Gefahr von Nachtfrösten besteht und die Pflanzen einen Kälteschock bekommen können. Besser Sie setzen sie in größere Töpfe, stellen sie tagsüber (wenn es sonnig ist) ins Freie und holen sie am Abend wieder ins Warme.

Mein Tipp

Kamelien ins Freie!

Die ersten robusten Zimmerpflanzen können ins Freie gestellt werden. Kamelien stehen nun für einige Tage an der Nordseite des Hauses, damit sie sich an die Sonne gewöhnen. Später werden sie in einem Blumenbeet mitsamt dem Topf im Halbschatten (Vormittagssonne bis etwa 14 Uhr) eingesenkt. Da setzen sie besonders viele Blüten an. Nun auch düngen – bis maximal Mitte August. Mit kalkfreiem (Regen-)Wasser gießen, dann bleiben die Blätter kräftig und saftig grün.

Zimmerpflanzen

Zimmerpflanzen ins Freie

Kann ich meine Zimmerpflanzen auch auf die Terrasse hinausstellen oder soll ich sie besser das ganze Jahr über im Zimmer lassen?

Ja, eine Frischluftkur schadet nicht. Achten Sie aber darauf, dass die Pflanzen keine pralle Sonne abbekommen und einen geschützten Platz im Schatten erhalten. Warten Sie, bis die nächtlichen Temperaturen mindestens 15 °C betragen, damit die Pflanzen keinen Kälteschock erleiden.

Kaffeebäumchen in der Kaffeetasse

Ich habe Kaffeepflanzen, die in eine Tasse gepflanzt wurden, zum Geburtstag bekommen. Können sie darin weiterwachsen?

Ein paar Wochen: ja! Gießen Sie vorsichtig und achten Sie darauf, dass es keine Staunässe gibt. Danach müssen die Pflänzchen jedoch umgesetzt werden – am besten 2 bis 3 Pflanzen pro Topf. Hell und nicht zu kühl aufstellen. Sobald sie zu wachsen beginnen, sollten Sie wöchentlich düngen.

Zimmerpflanzen können tagsüber auch ins Freie, wobei pralle Sonne vermieden werden sollte.

Frühsommer

Es ist ein intensiver Duft, der in der Luft liegt – Rosen an allen Ecken und Enden! Doch die eigentliche Zeigerpflanze für den Frühsommer ist der Holunder. Blüht der, beginnt der erste Teil des Gartensommers. Holunder gehört in jeden Garten, am besten zum Komposthaufen. Dort kann man ihn bei richtigem Schnitt auch kompakt halten und Blüten und Früchte genießen. Die Tage sind nun lang und man kann viele Stunden im Garten verbringen. Vom Frühstück in der Rosenlaube bis zum lauen Abend auf der Terrasse. Es ist die Zeit des Genießens – vor allem dann, wenn der Garten naturnah gestaltet ist. Jetzt ist auch die wichtigste Zeit für alle Nützlinge. Ob Marienkäfer als Larve oder Käfer, ob Igel oder die vielen Gartenvögel. Sie alle helfen uns, damit wir uns entspannen können.

Was ist jetzt zu tun?

Frühsommer

Liguster

Schwertlilie

Pfingstrose

Sommerlinde

Robinie

Holunder

So erkennen Sie den Frühsommer:

Holunder (*Sambucus nigra*)
Die Blüte markiert den Anfang des Frühsommers.

Robinie (***Robinia pseudoacacia***)
Zu Beginn des Frühsommers öffnen sich die ersten Blüten.

Pfingstrose (*Paeonia*)
Die Blüte läutet den Beginn der Jahreszeit ein.

Sommerlinde (*Tilia platyphyllos*)
Die Blüten erscheinen am Ende des Frühsommers.

Schwertlilie (*Iris x germanica*)
Am Ende des Frühsommers setzt die Blütezeit ein.

Liguster (***Ligustrum vulgare***)
Die duftenden Blüten bilden sich am Ende der Jahreszeit.

Ziergarten

› Verblühte Stauden jetzt zurückschneiden.

› Wenn die Blaukissen (*Aubrieta*) langsam verblüht sind, sollten sie nach der Blüte etwas zurückgeschnitten werden. Teilen Sie die Polster alle 4 bis 5 Jahre.
So werden sie weiterhin üppig wachsen und blühen.

› Rhododendren lassen sich nach der Blüte leicht durch Absenker vermehren.

› Wenn Sie Strohblumen trocknen wollen, schneiden Sie diese bei trockenem Wetter kurz vor dem Aufblühen.

› Zweijährige wie Bartnelken, Goldlack und Fingerhut jetzt aussäen.

› Abgeblühte Rosenblüten wegschneiden, damit sich rasch neue Knospen bilden.

Nutzgarten

› Haben die Obstgehölze reichlich Früchte angesetzt, dann regulieren sie diesen Behang von selbst, indem sie einige unreife Früchte abstoßen. Das geschieht auch dann, wenn die Bäume gut mit Nährstoffen und Wasser versorgt sind. Hängen anschließend immer noch zu viele Früchte an den Zweigen, dann pflücken Sie die kleinsten ab.

› Achten Sie bei der Rhabarberernte darauf, die Stiele einfach abzudrehen und nicht abzuschneiden, da sich sonst Faulstellen entwickeln können.

Balkon & Terrasse

› Einige Orchideen, z. B. Frauenschuh, tut eine Sommerfrische auf Balkon und Terrasse ganz gut. Bis zum September können die Pflanzen an einer schattigen Stelle im Freien verbringen.

› Topf- und Kübelpflanzen regelmäßig mit einem Spezialdünger für Balkon und Terrasse versorgen.

› Brechen oder schneiden Sie bei Balkonblumen regelmäßig abgeblühte Blüten aus.

› Jetzt den Sommerschnitt der Obstgehölze durchführen.

Zimmerpflanzen

› Stellen Sie Schnittblumen nicht in die Nähe von frischem Obst. Dessen Ausdünstungen bewirken ein schnelleres Verwelken der Blumen.

Robinie

Fragen zum **Frühsommer**

Schneiden Sie Ihren Rasen regelmäßig. Dann wird er schön dicht und Unkraut hat kaum eine Chance zu wachsen.

Ziergarten

Zweite Blüte bei Rittersporn

Mein Rittersporn blüht jedes Jahr sehr schön. Wenn er verblüht ist, macht er aber nicht mehr viel her. Gibt es eine Pflanze, die mit dem Rittersporn gesetzt werden kann und später die Lücke auffüllt?

Schneiden Sie den Rittersporn nach der Blüte sofort komplett zurück, düngen Sie ihn mit einem Biodünger und geben Sie etwas Kompost zu der Staude. Sie beginnt dann wieder zu treiben und blüht im Spätsommer noch einmal.

Tausendfüßer im Hochbeet

In meinem Hochbeet sind viele „grausliche" Viecherln. Sie sehen aus wie weiß-braune Maden mit Hunderten Beinchen. Ich vermute, sie haben mir auch meine Pflanzerln angebissen. Was mache ich falsch und was kann ich dagegen tun?

Diese „grauslichen Viecherln" sind eine Art der Tausendfüßer. Sie kommen normalerweise in Komposthaufen vor, und damit scheint schon das Problem klar zu sein: Sie haben zu viel (unreifen) Kompost in die oberste Schicht des Hochbeets eingefüllt. Entfernen Sie die oberste Erdschicht und füllen Sie das Beet mit einer normalen Gartenerde oder einer speziellen Hochbeeterde auf.

Vertrocknete Blüten der Pfingstrose

Bei meinen Pfingstrosen vertrocknen die Blütenknospen. Woran liegt das?

Pfingstrosen bzw. Päonien dürfen nicht zu stickstoffreich gedüngt werden (Kunstdünger, frischer Mist – im Übermaß), sonst verkümmern die Blüten. Gibt es gar keinen Blütenansatz, dann sind die Pflanzen zu tief gesetzt worden. Im November sollten Sie diese Pflanzen umsetzen.

Hartriegel liebt sauren Boden

Mein Blumenhartriegel wächst staksig und blühte nur spärlich. Darf er geschnitten werden? Welcher Dünger würde passen?

Viele Hartriegel haben so einen Wuchs, der sich durch Schnitt nicht verändern lässt. Besonders interessant ist der Etagenhartriegel. Im Jahr darauf gibt es einen senkrechten Trieb, ein Jahr später die waagrechten. Alle Hartriegel mögen einen leicht sauren Boden – daher Rhododendrondünger geben.

Bierhefe als Superdünger

Ich bin Hobbybrauer und schütte die (verdünnte) Bierhefe auf den Rasen. Dort wächst er stark und ist ganz dunkel. Ist das ein guter Dünger?

Ja, das ist ein Dünger. Er enthält Stickstoff und sehr viele Spurenelemente und Aminosäuren. Gibt es auch als Kaufdünger unter dem Namen „Maltaflor".

Nematoden gegen Junikäfer

Was kann ich gegen die Junikäfer machen? Wir haben sehr viele im Garten. Der Rasen leidet schon darunter!

Fallen aufstellen, solange die Viecherln fliegen (sind im Fachhandel erhältlich), oder Nematoden ausbringen, wenn bereits die Larven im Boden sind. Zusätzlich viele Nistkästen aufhängen. Die Vögel sind die großen Insektenvertilger.

BIO-TIPP

Rosen sind der Sommerstart

Sie sind auch meine Königinnen – aber manche sind empfindlicher als Mimosen. Meine Favoriten sind die weiß-rosa Kletterrose 'New Dawn' und die 'Ghislaine de Feligonde' mit ihren lachsorange, später gelben und im Verblühen fast weißen Blüten. Nicht zu vergessen meine „Monster" – die Ramblerrosen: 'Bobbie James' und 'Kiftsgate' bilden von Jahr zu Jahr einen größeren weißen Blütenschleier.
Wenn jetzt die Temperaturen steigen, sind Rosen regelmäßig zu gießen. Trockenheit wirkt sich nämlich negativ auf die Blütenbildung aus. Gießen Sie am Morgen und vermeiden Sie, die Blätter nass zu machen. Damit verringern Sie die Gefahr eines Befalls mit Sternrußtau.

Bei steigenden Temperaturen Rosen regelmäßig gießen, da sich Trockenheit negativ auf die Blütenbildung auswirkt.

Wühlmäuse fressen Birkenwurzeln

Meine 18-jährige Birke hat vergangenes Frühjahr sehr spät Blätter bekommen, heuer war es noch schlimmer. Der Baum hat nur vereinzelt Blätter! Haben Sie eine Idee, was die Ursache sein kann bzw. was ich tun soll?

Ich vermute, dass hier Wühlmäuse die Täter sind. Den Wurzelbereich kontrollieren, ob unterirdische Gänge zu finden sind. Eventuell stark zurückschneiden.

Kalk gegen die Gundelrebe

Seit dem heurigen Frühjahr wird sowohl mein Hausgarten als auch mein Zierrasen von der Gundelrebe überwuchert. Außerdem wachsen auf den Gartenbeeten Sauerklee und Hornklee so überreich wie noch nie. Was ist zu tun? Ich habe weder in der Pflege und Bearbeitung noch in der Düngung (Kompostdüngung!) in letzter Zeit etwas verändert.

Dennoch würde ich beim Boden ansetzen. Offenbar ist er zu sauer geworden. Streuen Sie den „sanften" Algenkalk im Herbst und düngen Sie den Rasen 3-mal (April, Juli und Sept./Okt.). Niemals zu kurz mähen.

Duftmarkierungen gegen Wildverbiss

Gibt es eine Möglichkeit, damit ich das Wild (Rehe und Hasen), das in meinen Garten kommt, natürlich abwehren kann?

Leider nein. Duftmarkierungen, wie sie Jäger entlang von Straßen verwenden, wirken gut. Auch die neuen Naturdünger haben für eine gewisse Zeit eine abwehrende Wirkung. Aber Leckerbissen wie Rosen werden von den Rehen immer entdeckt. Ohne Zaun geht es wohl nicht.

Abgefrorene Hortensienknospen

Ich habe viele Hortensien, allerdings blühen sie heuer nicht. Was ist da passiert?

Die meisten (Muttertags-)Hortensien blühen am vorjährigen Holz – das bedeutet, dass die Knospen, die abfrieren, nicht blühen. Selbst meine 'Endless Summer' wollten heuer nicht blühen – die Züchter sagen, dass Spätfröste diesen Blütenausfall verursachen können. Am besten, Sie pflanzen die Sorte 'Annabelle' – sie blüht am einjährigen Holz, und das garantiert jedes Jahr.

Mein Tipp

Bachlauf als Teichersatz

Teich anlegen ist Mühe. Ein kleiner Bachlauf – ein Wiesenbächlein – mit einem Quellstein als „Ursprung" und einem Fass als Endpunkt schafft Wassergeräusche beinahe im Handumdrehen. Ein ganz geringes Gefälle reicht aus, dazu Folie, Steine und eine kleine Pumpe. Schon rauscht der Wildbach auf Knopfdruck. Probieren Sie zum „Begrünen" Brunnenkresse – die schmeckt köstlich!

Nutzgarten

Schmierseifenwasser statt Tabakbrühe

Auf meinen Tomatenpflanzen, die im Gewächshaus stehen, treten jedes Jahr Läuse auf, die ich mit einem biologischen Mittel bekämpfe: Ich weiche Tabak aus Zigaretten ein und sprühe damit die Pflanzen ab. Jetzt habe ich gehört, dass das gar nicht biologisch ist, sondern hochgiftig. Richtig?

Das ist hochgiftig – ein Nervengift. Verwenden Sie künftig Schmierseifenwasser (1 EL auf 1 l Wasser) und achten Sie auf die richtige Temperatur. Nie zu warm am Tag und zu kühl in der Nacht! Also immer gut lüften und rechtzeitig die Fenster schließen. Starke Temperaturdifferenzen verursachen einen starken Lausbefall.

Gurken lieben Wärme

Meine Gurkenpflanzen sind im vergangenen Jahr zunächst kräftig gewachsen und dann plötzlich im August eingegangen. Die Blätter hatten zwar einen leicht weißlichen Belag, daran kann es aber nicht gelegen haben. Was ist schuld?

Ich vermute die Gurkenwelke als Ursache. Diese tritt vor allem dann auf, wenn mehrere Jahre hintereinander Gurken am selben Platz gesetzt wurden. Daher in so einem Fall eine „veredelte" Gurke kaufen, wenn man die Erde nicht austauschen will. Die Wurzeln des Feigenblattkürbisses sind robust und widerstehen der Pilzattacke. Ganz wichtig aber: Gurken benötigen Wärme. 18 Grad – auch in der Nacht.

In einem Garten mit Mischbeetanpflanzungen haben Nützlinge Hochbetrieb und Schädlinge kaum eine Chance.

BIO-TIPP

Zugewucherter Teich?

Ist Ihr Gartenteich von Wasserpflanzen bedeckt? Wenn nur noch 1/3 der Wasserfläche sichtbar ist, müssen die Pflanzen entfernt und geteilt werden. Diese dazu aus dem Wasser holen, auseinanderbrechen oder mit dem Messer Rhizome und Wurzeln zerteilen. Wichtig ist, dass immer eine glatte Fläche entsteht. Pulverisierte Aktivkohle auf die Schnittstelle streuen, in einen Gitterkorb in ein Sand-Ton-Gemisch setzen und die Jungpflanzen wieder einsetzen.

Vogelmiere mit Mulch bekämpfen

Haben Sie einen Rat bezüglich der Vogelmiere, volkstümlich „Hühnerdarm“ genannt, im Gemüsegarten? Ich jäte jedes Jahr mit einer alten Essgabel, da die feinsten, nicht erfassten Würzelchen mir wieder einen grünen Teppich bescheren.

Mulchen Sie! Mit Rasenschnitt oder Holzfaser, dann wird immer weniger Vogelmiere keimen. Aber das Positive: Vogelmiere ist eine Zeigerpflanze für einen besonders humusreichen Boden.

Raupen am Beerenobst

Auf meinen Stachelbeeren sind unzählige Würmer, die alle Stachelbeerblätter auffressen. Ich habe es schon mehrmals mit Brennnessel- und Zwiebeljauche probiert, aber leider ohne Erfolg.

Diese Jauchen sind Dünger und kein Raupenbekämpfungsmittel. Besorgen Sie sich ein biologisches Raupenspritzmittel oder setzen Sie auf die Vögel und hängen Sie Nistkästen im Garten auf.

Mit Pappkarton gegen Wurzelunkräuter

Wie bekomme ich die lästige Quecke und den wuchernden Giersch aus meinem Garten?

Sowohl Quecke als auch Giersch vermehren sich stark durch Wurzelausläufer. Beim Umstechen sollten Sie möglichst jedes Wurzelstück entfernen, was mühsam ist, da nicht das kleinste Wurzelstück im Boden bleiben darf. Wer also auf den Einsatz von Unkrautvernichtungsmitteln verzichten möchte, braucht Geduld. Hilfreich ist auch eine dicht wachsende Gründüngung aus Ackersenf für zumindest ein halbes Jahr. Besonders bei mit Quecke verunkrautetem Rasen lohnt sich dieser Aufwand.
Die Methode mit Mulchung von einer dicken Schicht Pappkarton (etwa 5 bis 10 cm) ist erfolgreich. Auch das ständige Entfernen der Blätter schwächt die Pflanze, da die Fotosynthese vermindert wird.

Mulchen im Gemüsegarten ist jetzt wichtig! Der Boden kann Wasser besser aufnehmen und bleibt länger feucht.

Eine stabile licht- und wasserundurchlässige Folie verspricht ebenfalls gute Erfolge. Aber hier sollte das Beet zumindest ein Jahr abgedeckt bleiben. Hühner picken übrigens gern die zarten Blätter vom Giersch weg – was zumindest auf freien Flächen hilft.

Salat nicht zu tief setzen

Sobald mein Salat sich zu einem Kopf gebildet hat, fällt er welk zusammen. Die Blätter sind dann im Wurzelbereich angefault. Da ich keine Schnecken im Garten habe, ist in der Erde etwas?

Offenbar ist der Salat zu tief gepflanzt. Nur den halben Wurzelballen in die Erde setzen und beim Düngen ein wenig Zurückhaltung üben. Keinen frischen Mist verwenden, sondern nur Komposterde.

Garten-irrtümer

Kürbisse dürfen nicht auf den Kompost gepflanzt werden. FALSCH!

Kürbisse werden an den Fuß des Komposthaufens gepflanzt. Dort holen sie sich jene Nährstoffe aus dem Boden, die durch den Regen ausgeschwemmt werden. Es ist der ideale Standort! Der beste Kürbis ist der Hokkaido – der liefert die schmackhafteste Suppe. Zucchini, auch ein Kürbis, eignet sich ebenfalls bestens für den Komposthaufenrand.

Hochbeete lassen sich rückenschonend bearbeiten und das Gemüse ist besser vor Schneckenfraß geschützt.

Früchte ausdünnen

Meinen Marillen- bzw. Aprikosenbaum 'Ungarische Beste' hat leider nach 8 Jahren „der Schlag getroffen". Welche Sorte empfehlen Sie für eine Neupflanzung in rauem Klima? Ich möchte gern wieder einen Marillenbaum setzen.

Die 'Ungarische Beste' ist sicherlich die beste Gartensorte, weil sie nicht gleichzeitig reift.
Den Boden austauschen und möglichst durchlässige Erde (teilweise Ziegelbruch) einfüllen. Idealer Standort ist Nordost- oder Nordwestseite. Und ganz wichtig: Die ersten Jahre die Früchte stark ausdünnen. Vier Finger sollten zwischen den Früchten Platz finden, sonst verausgabt sich der Baum wieder.

Cranberrys am Teichrand

Ihr Tipp, an den Teichrand Cranberrys zu pflanzen, war toll. Es ist ein dichter Teppich entstanden, doch nun die Frage: Müssen wir die langen Ausläufer zurückschneiden? Ich möchte nämlich nicht den Fruchtertrag minimieren.

Cranberrys müssen im Prinzip nicht geschnitten werden. An den langen Ausläufern bilden sich in den kommenden Jahren kurze, aufrecht wachsende Seitentriebe, die dann Blüten und Früchte ansetzen. Nach vielen Jahren sollten einmal die ganz alten Triebe entfernt werden. Bei einem nicht kommerziellen Anbau ist das nicht notwendig. Auf diese Weise bilden sie einen guten Bodendecker.

Balkon & Terrasse

Auch Säulenobst ist zu schneiden

Soll ich meine Säulenobstbäume auch schneiden? Ich habe Äpfel, Birnen, Zwetschken und Pfirsiche auf der kleinen Terrasse stehen, die im ersten Jahr ganz toll getragen haben.

Äpfel müssen Sie nicht schneiden, diese Bäume sind genetisch die einzigen, die auf Säulenwuchs programmiert sind. Alle anderen müssen ständig geschnitten werden, sonst wachsen sie wie normale Bäume. Laien können mit diesem Tipp ganz gut leben: Alle Äste, die vom Hauptstamm mehr als 20 cm reichen, werden geschnitten. Jetzt im Frühsommer und ganz wichtig im Sommer, denn damit bremst man das Wachstum.

Schwarze Kräuter

Was kann schuld sein, dass alle frisch gekauften Kräuter auf meinem Balkon nach ein paar Tagen schwarz werden und absterben?

Sie gießen mit ziemlicher Sicherheit viel zu viel. Die Grundregel lautet: schwarze Blätter – zu viel Wasser. Gelbe Blätter – zu wenig Wasser und damit auch zu wenig Dünger.

Rußtaupilze wegen Schildläusen

Unser großer Zitronenbaum hat auf einigen Blättern, Stammteilen und Zitronen einen pulvrig schwarzen Belag wie Ruß. Was kann das sein?

Auf der Pflanze sind Schildläuse, die einen Honig abgeben, auf dem sich dann Rußpilze festsetzen. Wenn es geht, mit Schmierseifenwasser waschen, trocknen lassen und mit einem auf Rapsölbasis aufgebauten Spritzmittel einsprühen. Das Öl verstopft die Atemöffnung der Schildläuse und ist gleichzeitig ein Blattglanz.

Der Naschgarten

BIO-TIPP

Kaum ein Stück Garten ist so wichtig wie der Naschgarten! Und er lässt sich auch leicht auf Balkon und Terrasse verwirklichen. Neben den traditionellen Naschfrüchten wie Erdbeere (vor allem die Monats-Erdbeere), Himbeere, Brombeere, Heidelbeere oder Johannisbeere sollte es in Ihrem Garten auch so bequemes Gemüse geben wie die Zuckererbsen oder Cocktailtomaten. Im Vorbeigehen kann daran genascht werden – ganz ohne Waschen der Früchte. Denn hier wird nur mit Kompost aus eigener Produktion und organischem Dünger gedüngt.

Hornspäne für Kräuter

Ich habe Kräuter im Blumenkasten. Wie dünge ich diese am besten?

Am besten beim Pflanzen Hornspäne einstreuen – eine Handvoll auf ein Einmeterkisterl. Bei stark wachsenden Kräutern wie Schnittlauch, Petersilie oder Schnittsellerie flüssig mit Biodünger (Zuckerrübenvinassedünger) nachdüngen.

Säulenapfel ohne Früchte

Ich habe einen Säulenapfelbaum gekauft, der als Kübelpflanze auf meiner Terrasse steht. Allerdings will der nicht wachsen und setzt trotz Blüten keine Früchte an. Nachdem er viel Wind abbekommt, fürchte ich, dass ihm das nicht bekommt. Gegossen wird ausreichend. Außerdem habe ich vergangenes Jahr versucht, die Blüten mit einem Pinsel zu bestäuben, damit sich Früchte bilden. Das hat auch nichts geholfen. Haben Sie einen Rat für mich?

Ich vermute, Sie düngen zu wenig. Streuen Sie gleich Hornspäne auf die Erde und arbeiten Sie diese ein. Außerdem sollten Sie den Baum in den nächsten Wochen zusätzlich flüssig düngen. Am besten mit einem biologischen Flüssigdünger. Eventuell im Vollherbst umpflanzen. Vielleicht ist die Erde auch nicht die beste.

Blühfaule Lobelien

Ich liebe Blau und pflanze daher jedes Jahr Lobelien in mein Kisterl. Doch nach kurzer Zeit vertrocknen die Pflanzen. Kann ich da etwas dagegen tun?

Sie haben offenbar die aus Samen gezogenen Lobelien gepflanzt. Die sind leider nicht sehr wuchsfreudig. Viel besser sind die neuen, seit einigen Jahren erhältlichen stecklingsvermehrten Lobelien. 'Big Blue' und 'Sky Angel' heißen die Sorten, die wirklich bis in den September hinein kräftig wachsen und blühen.

Balkonblumen auch jetzt düngen

Ab wann muss ich meine Balkonblumen nachdüngen? Ich habe gedüngte Erde gekauft.

Wenn es „nur" gedüngte Erde ist und kein Dauerdünger eingestreut wurde, dann ist es höchste Zeit zum Düngen. Vor allem, wenn der Regen zum Kisterl gekommen ist. Wöchentlich 2-mal Dünger ins Gießwasser geben, dann geht das Blühen weiter.

Mein Tipp

Pflasterfugen als Blumeninsel

Es ist eine Umstellung für viele und gelingt nicht immer ganz perfekt, aber einmal eingewachsen, sind blühende Pflasterfugen eine attraktive Bereicherung. Die Felsennelke (*Petrorhagia saxifraga*) gehört bei mir zu den Favoriten. Am Randbereich eines Weges wächst sie höher und blüht wunderschön. Dort, wo sie ständig begangen wird, bildet sie einen rasenähnlichen Bewuchs.

Tomaten im Balkonkasten

Nach einem Wohnungswechsel kann ich leider keine Tomaten mehr kultivieren. Ist eine Kultur auf meiner Terrasse sinnvoll und was muss ich beachten?

Tomaten können ganz leicht in Gefäßen kultiviert werden. Ist der Topf groß genug, können Sie jede beliebige Sorte verwenden. Für Balkonkästen und Ampeln eignen sich Sorten, die in Buschform kultiviert werden können und kleinere Früchte haben.

Vlies gegen den Buchsbaumzünsler?

Wenn ich meine Buchsbaumkugeln mit Vlies abdecke, kann ich sie so vor dem Zünsler schützen?

Nein! Sie würden den Buchs schädigen, weil er bei starkem Sonnenschein unter dem Vlies einer großen Hitze ausgesetzt ist. Das würde ihn schwächen und sogar gegen den ebenfalls grassierenden Buchsbaumpilz anfälliger machen. Bei Bedarf mit Xentari behandeln.

Ein Tank für Sonnenstrahlen

Meine Bougainvilleen sind im ersten Jahr nach dem Kauf eine Pracht, doch nach der ersten Überwinterung wachsen sie zwar kräftig, wollen aber nicht mehr so recht blühen. Sie stehen im Winter in einem kühlen, hellen Keller, verlieren dort fast das gesamte Laub und kommen nach den Eisheiligen ins Freie.

„Nach den Eisheiligen" ist der Schlüssel zur Lösung für Ihr Problem. Das Gartenjahr ist Ihren Bougainvilleen zu kurz. Sie sollten sie Ende Februar in einen sonnigen Raum (Wintergarten) bringen und am Fenster vorziehen. Diese Kinder des Südens sammeln wie eine Sparkasse die Sonnenstrahlen: Ist der Tank voll, dann beginnen sie zu blühen. Bei nicht idealer Witterung und zu später Auswinterung gibt es kaum Blüten.

Die Bougainvillea möchte schon früh aus ihrem Winterquartier und will bereits am Fensterbrett die ersten Sonnenstrahlen tanken.

Frühsommer

Orchideen lieber wenig bis gar nicht düngen und etwa 1-mal pro Woche tauchen.

Zimmerpflanzen

Hortensie will mich nicht

Ich bekomme von meiner Tochter zum Muttertag immer eine Topfhortensie geschenkt, die ich aber trotz fürsorglicher Pflege nur bis Herbst ziehen kann. Dann geht sie mir ein und ich muss sie wegwerfen. Was mache ich falsch?

Hortensien sind eigentlich Freilandpflanzen und im Zimmer schwer bis gar nicht weiterzukultivieren. Sie können es nur so versuchen: Nach dem Abblühen zurückschneiden, in einen sehr hellen und nicht zu warmen Raum stellen (ideal ist ein Balkon) und in frische saure Erde pflanzen. Die nun entstehenden neuen Triebe sind die Blütentriebe des kommenden Jahres. Im Spätherbst (nach dem Laubfall) die Hortensien in einen kalten Keller (Garage) stellen und erst ab Anfang Februar wieder ins Zimmer holen.

Weißer Schleier auf Substrat

Welche Krankheit hat meine Topfpflanze? Auf der Erde ist ein grauer, pilzartiger Schleier.

Das ist keine Krankheit, sondern es sind Kalkausblühungen. Weniger gießen, die oberste Erdschicht entfernen und evtl. mit einem Tongranulat abdecken. Meist tauchen bei solchen Topfpflanzen auch sehr schnell Trauermücken auf.

Gummibaum verjüngen

Kann ich meinen riesigen Gummibaum (den mit den großen Blättern) zurückschneiden und die neuen Triebe wieder in die Erde stecken?

Den Gummibaum können Sie problemlos zurückschneiden – sogar sehr kräftig, er wird wieder austreiben. Hat er dann wenig Blätter, auch deutlich das Gießen reduzieren. Den abgeschnittenen obersten Trieb – mit 2 bis 3 Blättern – in sandige Erde stecken, Plastikfolie drüber, damit die Luft feucht bleibt, und hell und warm stellen. So können Sie sogar einen jungen Gummibaum heranziehen.

Regenwurm im Blumentopf

In meinem Blumentopf hat sich ein Regenwurm eingenistet. Kann der den Wurzeln meiner Pflanze schaden? Soll ich ihn entfernen oder wirkt sich der sogar positiv auf die Pflanzen aus?

So perfekt der Regenwurm im Freiland ist, im Topf ist er nur bedingt ideal. Hat er nämlich kein frisches organisches Material zu fressen, knabbert er sogar die Wurzeln an. Daher ist es bei kleinen Töpfen günstiger, den Wurm zu entfernen. In großen Blumenkästen am Balkon ist er aber ein Segen, weil er die Erde lockert.

Orchideen auf Tauchstation

Meine Orchidee hat den richtigen Standplatz und Knospen sowie Blüten. Die Knospen blühen jedoch nicht auf, sondern sind gelb verfärbt. Was mache ich falsch?

Ich vermute ein Gießproblem – entweder zu wenig oder zu viel. Auch ein Überdüngen könnte die Ursache sein. Orchideen lieber wenig bis gar nicht düngen und etwa 1-mal pro Woche tauchen.

Pflanzen im Schlafzimmer

In meinem Schlafzimmer stehen einige Topfpflanzen. Ich habe gehört, dass es im Krankenhaus verboten sein soll, Topfpflanzen zu halten, weil sie eine Infektionsquelle darstellen. Muss ich meine Pflanzen aus dem Schlafzimmer entfernen?

Gesunde Menschen, die keine Atemwegsprobleme haben, können ohne Bedenken Pflanzen im Schlafzimmer aufstellen. Das hat sogar 2 große Vorteile: Pflanzen geben in der Nacht Sauerstoff ab und sie filtern tagsüber Staub und Schadstoffe aus der Luft. Ganz wichtig ist, dass nicht zu viel gegossen wird, sonst kommt es zu Schimmel auf der Erde – und der ist für die Atemwege schlecht.

Mein Tipp

Mediterran, aber winterhart

Nicht alle mediterranen Pflanzen müssen als Kübel- oder Zimmerpflanze gehalten werden. Es gibt auch absolut winterharte Pflanzen mit mediterranem Charakter, die nicht viel Arbeit machen. Die Palmlilie gehört dazu, aber auch die Ölweide, die beinahe wie ein Olivenbaum aussieht. Natürlich sollten auch duftende Kräuter nicht fehlen: Salbei oder Lavendel.

Hochsommer

Es ist Urlaubszeit! Die Ribiseln (Johannisbeeren) werden reif und die Kolonnen an Sonnenhungrigen sind unterwegs in Richtung Strand, Sand und Meer. Doch wenn bei uns glühend heiß die Sonne vom Himmel strahlt, dann lässt sich der Sommer so richtig genießen. Eine typisch südliche Siesta? Der Duft der Sommerlinde liegt in der Luft. Der Liegestuhl ist platziert, neben den Ribiseln, deren Reife diese phänologische Jahreszeit einleiten. Wer rechtzeitig vorgesorgt hat, der muss nun wenig tun. Gießen, Aufbinden und Ernten – das ist für die Urlauber im Garten die Hauptbeschäftigung. Spielt das Wetter mit, dann können Sie die herrlichsten Tage im Garten verbringen. Die erfrischende Kühle kommt aus dem Gartenschlauch und die Terrasse wird zur Sonnenbank.

Was ist jetzt zu tun?

Hochsommer

Johannisbeere

Kartoffel

Himbeere

Winterlinde

Erdbeere

Getreide

So erkennen Sie den Hochsommer:

Winterlinde (*Tilia cordata*)
Die Blüte läutet den Anfang des Hochsommers ein.

Kartoffel (*Solanum tuberosum*)
Zu Beginn des Hochsommers öffnen sich die ersten Blüten.

Himbeere (*Rubus idaeus*)
Die Fruchtreife markiert den Beginn der Jahreszeit.

Erdbeere (*Fragaria*)
Am Anfang des Hochsommers setzt die Fruchtreife ein.

Johannisbeere (*Ribes*)
Die Früchte reifen mit Anfang des Hochsommers.

Getreide
Die Erntezeit beginnt am Ende des Hochsommers.

Ziergarten

› Bodendecker von Zeit zu Zeit auslichten und zurückschneiden. Das gilt besonders für Immergrün, Günsel oder Gedenkemein, die sich sonst zu stark ausbreiten.

› Herbstzeitlosen lassen sich jetzt leicht vermehren, indem Sie die Brutknöllchen vorsichtig abtrennen und bis zum Spätsommer trocken lagern. Dann können sie ca. 10 cm tief gesetzt werden.

Nutzgarten

› Am Anfang des Hochsommers können noch Sommersorten vom Kopfsalat gesetzt werden. Für einen späteren Anbau sind dann nur noch Kurztagssorten geeignet.

› Fallobst regelmäßig vom Boden aufsammeln. Damit können Sie die Gefahr einer Pilzinfektion reduzieren.

› Bei Kernobst kann jetzt der Sommerschnitt durchgeführt werden.

› Schnittlauch bei der Ernte nicht zu tief abschneiden, damit er wieder neu austreiben kann.

Balkon & Terrasse

› Sommerblumen regelmäßig ausputzen, damit sie neue Knospen bilden. Das ist etwa bei Löwenmäulchen wichtig, die schnell ihre Kraft in die Samenbildung stecken.

› Zweijährige Sommerblumen wie Tausendschön, Vergissmeinnicht, Goldlack, Marien-Glockenblume oder Stiefmütterchen haben jetzt ihre Hauptblütezeit. Ziehen Sie sie am besten in Schalen mit Aussaaterde oder im Frühbeet vor.

› Topf- und Kübelpflanzen, die im Freien und womöglich in der Sonne stehen, brauchen jetzt besonders viel Wasser. Daher täglich gießen!

Zimmerpflanzen

› Waren Sie einige Zeit verreist und Ihre Nachbarn haben es mit der Wasserversorgung der Zimmerpflanzen zu gut gemeint? Sind die Pflanzen zu nass, legt man den Topf zunächst auf die Seite, damit überschüssiges Wasser ablaufen kann. Keinesfalls die geschädigte Pflanze in die Sonne zum Trocknen stellen. Bei stärkeren Schäden kann ein Umtopfen helfen. Verfaulte Wurzeln dabei abschneiden.

› Zimmerpflanzen, die am Südfenster stehen, sollten jetzt bei praller Sonne mittags schattiert oder umgestellt werden.

Wegwarte

Fragen zum **Hochsommer**

Im Hochsommer beginnen die meisten Rosensorten zu blühen. Verblühtes immer wegschneiden

Ziergarten

Algen im Teich

Ich habe Algen im Teich, putze ihn aber jedes Jahr. Warum bilden sich die Algen trotzdem?

Damit hat sich die Frage schon beantwortet. Echte Biotope sollten nie gründlich gesäubert werden. Die Algen auf den Steinen sind die Filteranlage fürs Wasser. Genug Pflanzen setzen, schauen, dass kein Oberflächenwasser in den Teich kommt, und kein Leitungs- oder Brunnenwasser nachfüllen. Pumpen nicht auf den Teichboden stellen, dort ist das „Düngerwasser".

Mehltau mit Zinnkraut bekämpfen

Die Blätter und Triebspitzen von meinem Stauden-Phlox sind mit einem weißen Belag bedeckt. In den vergangenen Jahren hat sich diese Krankheit verstärkt. Worum handelt es sich und was kann ich dagegen tun?

Bei der Krankheit handelt es sich um den Mehltau, der beim Phlox sehr häufig auftritt. Mehltau wird auch als Schönwetterpilz bezeichnet. Wenn hohe Luftfeuchtigkeit und Wärme zusammenkommen, bricht er oft explosionsartig aus. Vorbeugend ab dem Vorfrühling mit Schachtelhalmextrakt behandeln. Es ist im Handel erhältlich oder man kann es selbst ansetzen: Zinnkraut einweichen, nach 24 Stunden mindestens

45 Minuten köcheln lassen und abseihen. 1:5 mit Wasser verdünnt immer wieder über die Pflanzen sprühen. Beim Kauf von Phlox (und vielen anderen Pflanzen – Gurken, Rosen etc.) auf Mehltauresistenz achten.

Ahorn mit Mehltaubefall

Mein Ahorn hat Mehltau. Was kann ich dagegen tun?

Vor allem die rotblättrigen Sorten neigen stark zu Mehltau. Den Boden gut mulchen und feucht halten. Kompost und organische Dünger im Frühjahr aufstreuen. Aktuell können Sie bei großen Bäumen aber nichts mehr machen.

Sommerschnitt bei Hecken

Warum heißt es, dass man rund um die Sommersonnenwende die Laubhecken schneiden soll? Ich mache das immer im Winter.

Der Sommerschnitt bei den Hecken (auf Vogelnester achten!) bringt die Hecke in Form und sorgt für einen geringen Austrieb danach, der die Hecke besonders perfekt geschnitten erscheinen lässt. Man kann Hecken natürlich auch im Winter (an frostfreien Tagen) schneiden. Im Frühjahr kommt dann ein (sehr kräftiger) Neuaustrieb.

Warum besser morgens gegossen wird

Ich schaffe es nur am Abend, meine Blumen und mein Gemüse im Garten zu gießen. Ist das sehr negativ?

Hintergrund für das Gießen am Morgen ist einerseits die mögliche Ausbreitung von Pilzerkrankungen und andererseits die Gefahr von übermäßig vielen Schnecken, die durch die Feuchtigkeit angelockt werden. Je früher Sie gießen, desto besser, dann trocknen Blätter und Erde ab. Wichtig: nicht jeden Tag, sondern alle 3 bis 5 Tage ausgiebig gießen. Das bedeutet 20 bis 30 l/m². Dann wachsen die Wurzeln in die Tiefe und die Pflanzen überleben die Hitze besser.

BIO-TIPP

Mit Packpapier gegen Wespen

In diesen Tagen beginnt sich ein Störenfried im Garten breitzumachen: die Wespe. So lästig sie vom Frühstücks- über den Mittags- bis zum Abendtisch „mitnascht" und mit ihren Stichen gefährliche Allergien auslösen kann, so aktiv sind diese Tierchen bei der Schädlingsjagd. Mücken, Läuse, ja sogar kleine Raupen werden von den eifrigen Jägern in den Bau zur Aufzucht der Jungen gebracht. Abhalten kann man sie schwer. Gute Erfolge werden aber durch sogenannte „Wespinatoren" erzielt. Papierähnliche Ballons, die aussehen wie ein Hornissenbau. Vor diesen Tieren haben die Wespen Angst und meiden deshalb die Plätze. Graues Packpapier zusammengeknüllt soll eine ähnliche Wirkung haben.
Wespenbauten, die man im Spätherbst auf Dachböden findet, sind übrigens harmlos. Keine der Wespen überwintert in diesem Papierkunstwerk.

Für viele ist der Garten erst perfekt, wenn sich im Teich Frösche einfinden und quaken.

Vögel anlocken

Schon vergangenes Jahr hatte ich kleine Würmer auf den Blättern des Schneeballstrauchs, die auch heuer wieder da sind. Sie fressen in 1 bis 2 Monaten die Blätter auf. Im Sommer ist der Baum schon kahl. Es bleibt nur das Blattgerüst übrig. Was kann ich da machen?

Es handelt sich um die Larven des Schneeball-Blattkäfers. Zunächst Nützlinge anlocken (Nistkästen!) und in Notfällen ein Raupenspritzmittel (ungefährlich für Mensch und Nützling) am Abend tropfnass über die Blätter spritzen. Damit sollten Sie Ihren Schneeball noch retten können.

Mulchrasenmäher, die düngen

Ich habe mir einen Rasenroboter gekauft. Mir wurde gesagt, ich muss nie mehr düngen. Stimmt das?

Das stimmt im Prinzip, denn der Rasen wird „gemulcht" und düngt sich damit selbst. Ich rate allerdings, in den ersten 2 bis 3 Jahren (je nach Bodenqualität) zumindest 1-mal im Jahr zu düngen. Am besten im September eine Herbstdüngung, das kräftigt die Gräser.

Unkräuter im Rasen

Bei uns wuchert die Schafgarbe im Rasen. Wie und womit bringen wir sie weg?

Generell gilt bei Rasenunkräutern: Rasen mit Langzeitdünger (am besten organisch) versorgen. Niemals zu kurz mähen und ausreichend feucht halten. Gerade auf trockenen und durchlässigen Böden wächst die Schafgarbe mit Vorliebe.

Thujen in der Anwachsphase

Ich möchte gern in meinem Garten Thujen anpflanzen. Was muss ich machen, damit sie gut anwachsen? Gibt es auch Heckenpflanzen, die ich als Ersatzpflanzen zu Thujen setzen kann?

Gepflanzte Thujen am besten mit organischem Dünger versorgen (das belebt den Boden) und kräftig gießen. Das reicht völlig aus.
Eine Hainbuchenhecke ist sicherlich der preisgünstigste Ersatz, der auch sehr schnell wächst. Immergrün, langlebig und besonders robust sind Eibenhecken. Der große Vorteil: Sie können später stark zurückgeschnitten werden und treiben auch immer wieder aus dem alten Holz aus.

Mein Tipp

Sommerblüten im Steingarten

Im Hochsommer sind Steingärten optisch karg und mehr Stein als Garten, weil viele Frühjahrsblüher bereits eingezogen sind. Ein wertvoller Sommerblüher ist das aus dem Kaukasus stammende Leimkraut (*Silene*), das Trockenmauern und Steingärten auch in der blütenarmen Zeit attraktiv macht. Die etwa 10 cm hohe, rasenartige Staude zeigt sich im Hochsommer mit tiefrosa leuchtenden Blüten.

Im Hochbeet kann bereits fleißig geerntet werden. Lücken gleich wieder schließen – mit Kräutern, Salat, Radieschen und anderem Gemüse.

Nutzgarten

Stachelbeermehltau vorbeugen

Auch in diesem Jahr haben meine Stachelbeeren wieder viel Mehltau gehabt. Kann ich da jetzt schon etwas machen, damit es kommendes Jahr nicht dazu kommt?

Ja. Das Wichtigste ist der kräftige Schnitt, sodass viel Licht und Luft in die Gehölze kommt. Dann sollte man den Neuaustrieb regelmäßig mit Schachtelhalmextrakt spritzen. Und: Falls die Belastung wirklich extrem ist, die Stachelbeersträucher entfernen und durch mehltauresistente Sorten ersetzen.

Fruchtfall bei Tomaten und Paprika

Ich bin schon ganz verzweifelt! Wir haben seit heuer ein kleines Gewächshaus. Tomaten und Paprika sprießen, dass es eine wahre Freude ist! Leider fallen die Früchte ab, weil sie an den Stängeln abgefressen sind. Ich habe Ohrwürmer daran entdeckt, aber gegen die gibt es doch kein Mittel, oder? Ein Tontopf mit Holzwolle hilft auch nicht.

Neben den Ohrwürmern könnte es auch die (zu große) Hitze sein, das mögen Paprika und Tomaten nicht. Schattieren und notfalls mit einem Pyrethrum-Mittel am Abend spritzen, dann erwischt man die Ohrwürmer. Ist nur kurze Zeit wirksam, die Früchte kann man nach dem Abwaschen sofort verwerten.

BIO-TIPP

Erdbeeren abmähen

Nach der Ernte werden Erdbeerpflanzen „abgemäht“, also alle Blätter beseitigt. So kann man alle Ausläufer entfernen (und diese für ein neues Erdbeerbeet nutzen) und die alten Pflanzen mit Kompost, Steinmehl und Hornspänen versorgen. Dieser Dünger ist wichtig, denn schon im Herbst bereiten die Erdbeeren die Blütenansätze für das kommende Jahr vor.
Erdbeeren faulen übrigens nicht, wenn zwischen den Pflanzen Knoblauch gesetzt wird.

Gründünger fürs Beet

Ich möchte heuer die frei gewordenen Beete im Gemüsegarten mit Gründüngung bepflanzen. Kann ich hier etwas falsch machen?

Im Prinzip kann man da nicht viel falsch machen. Bienenfreund (*Phacaelia*), Ölrettich oder Gelbsenf sind ideal. Einzig als Nachfrucht von Kohlgewächsen sollte man auf Gelbsenf verzichten, weil sich hier die Kohlhernie (erkennt man an Wucherungen an der Wurzel) ausbreiten könnte. Gründüngung im Herbst stehen lassen, sie friert ab und wird im Frühjahr gleich als Mulch verwendet.

Vermooste Zweige

Bei meinen Ribiseln sind die Äste voller Moos. Ist das schädlich für die Pflanze und soll ich das abputzen?

Das „Moos“ sind Flechten, und die sind ein gutes Zeichen: Die Luft ist deutlich besser geworden. Kein Schwefel im Öl, kein Blei im Benzin – daher gibt es nun auf vielen Gehölzen die Flechten. Allerdings sind sie auch Zeichen, dass der Strauch nicht vital genug ist. Schneiden Sie alle 3 bis 5 Jahre alte Äste (die mit den meisten Flechten) bodeneben heraus, geben Sie Kompost zum Strauch – dann bilden sich neue, vitale Triebe.

Erdbeeren im Hochsommer pflanzen

Stimmt es, dass man eigentlich im August ein Erdbeerbeet anlegen sollte?

Ja, das ist richtig. Jetzt sollten Sie die schönsten Ableger (mit Wurzeln) von den bestehenden Erdbeerpflanzen abnehmen und in einem gut vorbereiteten Beet pflanzen. Achten Sie darauf, dass es unkrautfrei ist, und mulchen Sie dünn mit Rasenschnitt. Erdbeeren bilden nun viele Blätter und setzen gegen Ende des Gartenjahrs bereits die Blütenknospen fürs kommende Jahr an.

Drahtwürmer mit einem Trick fangen

Drahtwürmer vernichten meine Salatpflanzen. Wie kann ich diese vernichten?

Eine ganz einfache Falle sind halbe Kartoffeln, die von den Drahtwürmern geliebt werden. Alle 2 Tage kontrollieren: In den Schnittstellen stecken die orangefarbigen Würmer und können vernichtet werden.

Zwiebeljauche ansetzen

Wie setze ich Zwiebeljauche richtig an? Kann ich sie auch für Tomaten verwenden?

Ein halbes Kilo Blätter und etwa 200 g Schalen in 10 l Wasser vergären. Anschließend abgeseiht im Verhältnis 1 : 10 über den Boden (nicht die Blätter) bei Kartoffeln, Tomaten (gegen Krautfäule) oder auch Gurken (Grauschimmel) gießen. Mehrmals pro Saison anwenden. Die Schalenreste als Mulch verwenden.

Gurken mit Flüssigdünger versorgen

Unsere Gurken haben hellgrüne bis gelbliche Blätter. Was kann ich dagegen tun und was gibt es gegen Mehltau bei Gurken?

Da fehlt der Dünger! Mit Brennnesseljauche (in Holz- oder Plastikfass ansetzen, vergären und 1 : 10 verdünnen) oder Bioflüssigdünger versorgen. Nicht in die pralle Sonne setzen und Blätter öfter überbrausen.

Ribiseltriebe vertrocknen

Bei meinen schwarzen Ribiseln treiben einige Triebe nur kleine Blätter, die Früchte vertrocknen und es scheint so, als ob sie kein Wasser bekommen. Muss ich mehr gießen?

Nein, das ist nicht ein Gießfehler, sondern es ist vermutlich der Johannisbeerglasflügler. Die Larve bohrt sich, nachdem sie aus dem Ei geschlüpft ist, in den Stamm und lebt vom Mark. Sie verpuppt sich erst im kommenden April und schlüpft später als kleiner Falter. Schwächelnde Triebe (sie sterben nicht sofort) bodeneben abschneiden und entsorgen. Je früher, desto besser.

Lästiges Zinnkraut entfernen

Zwischen meinen Ribiseln haben sich Zinnkrautkolonien eingenistet. Obwohl ich regelmäßig versuche, sie mitsamt den Wurzeln zu entfernen, wachsen sie immer wieder nach. Wie kann ich das Zinnkraut nachhaltig entfernen?

Es ist das lästigste Unkraut, das es gibt, weil es bis in 90 cm Tiefe wurzelt. Biologisch hilft nur ein langfristiges Abdecken mit Karton oder Folie. Dennoch wird das Zinnkraut immer wieder kommen. Nehmen Sie es als Grundlage für einen Schachtelhalmtee, dann tut es wenigstens etwas Gutes gegen Pilzkrankheiten.

Schnitt bei Johannisbeeren

Wann ist die beste Zeit, um meine Ribiseln zu schneiden und was muss ich beim Schnitt unbedingt beachten?

Gleich nach der Ernte gegen Ende Juni, im Spätherbst oder im Vorfrühling, und zwar sollten jene Triebe, die 3 bis 5 Jahre alt sind, bodeneben herausgeschnitten werden.

Sorgen mit Maggikraut

Wie pflege ich mein Liebstöckel? Es will einfach nicht gedeihen!

Liebstöckel (landläufig als Maggikraut oder in Südösterreich als Luschstock bezeichnet) benötigt einen „frischen" und humusreichen Boden. Das bedeutet: lockere Erde, die nicht austrocknet, viel Kompost und Hornspäne. Bester Standort ist im Halbschatten. Nicht zu viele Blätter (als Suppenwürze) abschneiden, dann wächst die Pflanze kräftig.

Garten-irrtümer

Tomaten nicht ausgeizen. FALSCH!

Immer wieder hört man diese Hinweise, doch sie sind für weite Teile Österreichs falsch. Ganz im Osten – mit trockenem, pannonischem Klima und wenig Niederschlag – funktioniert das Nichtausgeizen, doch in Gegenden mit viel Regen führt das Dickicht an Blättern schnell zu Pilzkrankheiten.

Die Hochsaison für Erdbeeren beginnt am Anfang des Hochsommers, und gegen Ende beginnt die Vermehrung durch Ableger.

Weinstock schwächelt

Ich habe einen Weinstock an der Gartengrenze zum Nachbarn. Entlang der Thujen schwächelt er und hat gelbliche bis braune Blätter. Der andere Ast, der in meinem Garten eine optische Trennung werden soll, ist saftig grün. Sonnenlicht haben alle Teile genug. Gibt es eine Pflanzenunverträglichkeit untereinander?

Nein, da gibt's keine Pflanzenunverträglichkeit im eigentlichen Sinn. Ich vermute trotz allem Licht-, Dünge- und vor allem Wasserprobleme. Ich würde den Wein mit Kompost und Hornspänen versorgen und beobachten. Gehölze „ziehen" mit ihren Wurzeln viele Nährstoffe ab.

Zinnkraut gegen Pilzkrankheiten

An einer Stelle des Gemüsegartens werden die Kartoffeln immer krätzig. Was kann das sein? Dort steht auch mein Marillenbaum und die Früchte werden krätzig. Vielleicht können Sie mir einen Rat geben?

Die beiden Probleme hängen nur indirekt zusammen, dabei handelt es sich beide Male um Pilzkrankheiten. Biologisch gibt's nur eines: Urgesteinsmehl beim Pflanzen zu den Erdäpfeln. Marille und Kartoffeln immer wieder mit Schachtelhalmtee übersprühen. Die Kieselsäure des Schachtelhalms stärkt die Pflanzen und macht sie widerstandsfähiger.

Ein toller Blickfang: Alte Dachziegel mit Hauswurz bepflanzt. Zwei Äste wirken als „Gefäß" fürs Substrat.

Balkon & Terrasse

Eisennägel helfen nicht

Meine Zitruspflanzen haben gelbe Blätter. Helfen Eisennägel?

Ganz sicher – nicht! Gelbe Blätter deuten auf Chlorose hin, sind aber viel häufiger Zeichen eines gravierenden Düngermangels. Also kräftig düngen – 2-mal pro Woche! Ich dünge meine Zitrus bis etwa Mitte August. Ist es besonders heiß und schön, auch noch ein paar Tage länger. Gedüngt wird mit flüssigem Biodünger alle 3 Tage. 1-mal pro Woche gibt es Surfiniendünger, denn der enthält Eisen. Daher sind die Blätter kräftig grün. Gegossen wird ab Ende September deutlich weniger. Die Erde sollte beim Einräumen fast trocken sein.

Rosen ohne Knospen

Meine Rosen im Topf haben plötzlich im Sommer zu wachsen aufgehört. Im Juni gab es eine herrliche Blüte, nach dem Rückschnitt bildeten sich zwar noch Triebe, aber alle ohne Knospen.

Da gibt's mehrere Ursachen. Entweder es sind einmal blühende Rosen (historische, alte Rosen oder Wildrosen) oder Sie haben die Rosen zu wenig gedüngt. Im Topf benötigen die Pflanzen besonders viele Nährstoffe.

Triebspitzen bei Tomaten nicht abschneiden

Meine Tomaten im Topf sind heuer besonders schön (und köstlich!). Muss ich sie nun „oben" abschneiden, wie das in manchen Büchern beschrieben wird, oder nicht?

Diesen Tipp des Abschneidens habe ich früher auch gegeben, nun weiß ich es besser: Es werden ab September nur die neuen Blüten entfernt. Schneidet man die Triebe ab, kommt es zu einem Saftstau, der sehr oft die Früchte platzen lässt.
Übrigens: Niemals die gesunden Blätter entfernen, sie sind der Motor für das Ausreifen der Früchte.

Himbeeren, die 2-mal tragen

Ich habe Himbeeren in einem großen Trog, die immer im Juni und im Spätsommer tragen. Hängt das mit der Kultur im Topf zusammen oder sind die Pflanzen „verrückt"?

Nein, die Pflanzen sind nicht verrückt. Sie haben Herbsthimbeeren, die auf den Vorjahrestrieben schon im Juni erste Früchte bilden, also 2-mal tragen. Sind die Triebe kräftig und gesund, dann so weitermachen wie bisher und nur die abgeernteten Triebe entfernen. Vertrocknen manche Zweige („Rutensterben"), dann schneiden Sie im November alle Triebe ab, die neuen Triebe im Frühjahr tragen dann besonders viele Früchte ab August.

Erfolgreiche Avocadozucht

Ich habe ein Avocadobäumchen aus einem Kern gezogen. Die Pflanze bildet aber keine Seitenäste. Was muss ich tun, damit sie sich verzweigt?

Avocados wachsen – je nach Sorte – zunächst streng aufrecht und verzweigen sich erst in einer bestimmten Höhe. Ein Rückschnitt führt meist wieder nur zu einem Seitentrieb. Aufpassen beim Gießen. Avocados mögen keine staunasse Erde, sonst gibt es braune Blattränder.

BIO-TIPP

Der Traum vom Süden

Ob Orange oder Zitrone, ob Mandarine oder Kumquat – diese Kübelpflanzen haben eines gemeinsam: Sie brauchen viel mehr Dünger, als man denkt.
Hellgrüne Blätter deuten viele als Krankheit und eine Überversorgung mit Kalk (den sie nicht so mögen). Viel wahrscheinlicher aber ist es, dass die Pflanzen zu wenig gedüngt wurden. In der Hauptwachstumszeit von Juni bis August oft alle 3 Tage!

In der Hauptwachstumszeit von Juni bis August benötigen Zitruspflanzen etwa alle 3 Tage Dünger.

Oleander wird gern von Spinnmilben befallen. Daher ist eine regelmäßige Kontrolle wichtig.

Oleander leidet unter Spinnmilben

Mein Oleander bekommt seit dem Übersiedeln in eine neue Wohnung immer Spinnmilben. Die Loggia ist in vollsonniger Lage. Die Pflanze wird beim Gärtner überwintert, sieht im Frühjahr gesund aus und blüht, aber dann beginnt im Juli der Befall mit den Milben. Am früheren Balkon war das nicht so. Was kann ich da machen?

Ganz einfach: Ihr Oleander steht im Sommer auf der überdachten Loggia zu trocken. Am früheren Balkon wurde er ab und zu vom Regen „gewaschen" und damit verschwanden die Spinnmilben. Übersprühen Sie die Pflanze mehrmals wöchentlich, und vor allem: im Untersetzer Wasser stehen lassen.

Garten-irrtümer

Asche ist ein guter Dünger. FALSCH!

Holzasche wird von vielen Gärtnern als Dünger im Gemüsegarten eingesetzt. Das ist er aber ganz und gar nicht! Man kann (Kachelofen-)Holzasche in den Kompost mischen. Eine permanente Versorgung des Bodens mit der Asche bewirkt aber eine Überdüngung mit Kali und eine enorme Anreicherung an Schwermetallen.

Zimmerpflanzen

Basilikum ist ein Sonnenkind

Mein Basilikum auf der Fensterbank will nicht so recht wachsen. Im Winter hält es einige Tage, im Sommer aber auch kaum länger als 2 Wochen.

Basilikum benötigt extrem viel Sonnenschein und Wärme. Im Winter ist es ihm auf der (zugigen) Fensterbank meist zu kalt, im Sommer ist die Sonnenmenge zu wenig. Ab Juni, wenn möglich, ins Freie stellen. Viel düngen und nicht die Blätter abzupfen, sondern die Triebspitzen entfernen, dann treibt das würzige Kräutlein wieder kräftig weiter.

Fruchtlose Avocado

Ich habe einen Avocadokern gepflanzt, der wunderbar wächst. Die Pflanze ist nun schon 50 cm hoch, wird sie einmal Früchte tragen?

Tropische Gewächse kommen meist im Zimmer nicht zur Blüte. Gerade die Avocado fruchtet erst als großer Baum, das ist im Zimmer unmöglich. Ausgepflanzt in Gewächshäuser fruchten diese Pflanzen eher.

Yucca schneiden

Meine Yucca ist einen Meter hoch. Mein Sohn hat mir jetzt empfohlen, die Pflanze kräftig zurückzuschneiden. Kann ich das wirklich machen?

Ja, man kann sie zurückschneiden, da sie am Stamm wieder austreibt. Man kann auch den oberen Teil verwenden und in die Erde stecken, der beginnt dann zu wachsen. Nach den Eisheiligen können Sie die Yucca in den Garten stellen; aber nicht gleich in die pralle Sonne. Gewöhnen Sie die Yucca zuerst im Norden ans Licht.

Orchidee mag keine nassen Füße

Meine Orchidee hat mehrere herrliche große Blüten bekommen. Nun geht aber eine nach der anderen kaputt. Ich tauche die Pflanze 1-mal in der Woche und habe sie auf der Fensterbank über dem Heizkörper stehen. Mache ich etwas falsch?

Dass die eine oder andere Blüte abfällt, ist ganz normal. Fallen aber viele fast gleichzeitig ab, dann ist es zu nass oder die Temperatur passt nicht. Gegossen wurde richtig, der Platz dürfte aber zu heiß und wahrscheinlich zu zugig sein. Also lieber in den Raum stellen, da ist das Klima ausgeglichen.

Südfenster vermeiden *Mein Tipp*

Südfenster, aber auch Südost oder Südwest gelegene Fensterbänke sind genau so wie ein voll verglaster Wintergarten und kein idealer Standort für Zimmerpflanzen. Besonders die Orchideen werden hier rasch kümmerlich. Die Blätter verbrennen in der knallheißen Sonne und bekommen braune Flecken. Daher lieber die Pflanzen ins Freie stellen – aber vor praller Sonne schützen, sonst gibt's arge Schäden.

Spätsommer

Diese phänologische Jahreszeit ist eine, die immer zu früh kommt. Kaum hat man sich richtig an das sommerliche Leben gewöhnt und die Blüten und Früchte auf Balkon, der Terrasse und im Garten genossen, sind sie auch schon reif – die Klaräpfel. Zwar köstlich, aber: die Zeigerpflanze für den Spätsommer. Von nun an geht's bergab. Doch kein Grund, um traurig zu sein. Die Wochen, die nun bevorstehen, sind die genussreichsten im Garten. Der Gemüsegarten liefert Vitamine in Hülle und Fülle, Berge von Tomaten, die als Mark den Sommer in Konservengläsern aufbewahren. Brombeeren kann man täglich ernten und beim Obst sind neben den Klaräpfeln die ersten Pflaumen reif. Die Nächte werden kühler und viele einjährige Pflanzen beginnen wieder kräftig zu blühen.

Was ist jetzt zu tun?
Spätsommer

Herbst-Anemone

Felsenbirne

Frühapfel

Schneebeere

Zwetschke

Heidekraut

So erkennen Sie den Spätsommer:

Schneebeere (*Symphoricarpos albus*)
Die Fruchtreife markiert den Spätsommeranfang.

Eberesche, **Vogelbeere** (*Sorbus aucuparia*)
Zu Beginn des Spätsommers reifen die Früchte.

Zwetschke (*Prunus domestica*)
Die Reife und der Erntebeginn markieren das Ende dieser Jahreszeit.

Felsenbirne (*Amelanchier*)
Am Ende des Spätsommers setzt die Fruchtreife ein.

Besenheide (*Calluna vulgaris*)
Die Blüten erscheinen mit dem Ende des Spätsommers.

Herbst-Anemone (*Anemone hupehensis*)
Die Blüten zeigen das Ende des Jahresteils an.

Ziergarten

› Blühfaule Iris durch Teilung verjüngen. Nach der Blüte ausgraben, die Rhizome in Teilstücke schneiden und anschließend wieder in den gut vorbereiteten Boden setzen.

› Jetzt können noch Buchs und andere Heckenpflanzen geschnitten werden.

› Ab sofort sollten Rosen nicht mehr gedüngt werden, damit die Triebe reifen und für den Winter aushärten können.

› Verblühte Weigelien und Deutzien sollten Sie wie in jedem Jahr auslichten und alte Äste entfernen.

› Wenn Blauregen nicht schon im Februar geschnitten wurde, können Sie die neuen Triebe am Ende des Spätsommers bis auf 2 bis 3 Augen zurückschneiden. Dann blüht er im kommenden Jahr üppiger.

Nutzgarten

› Beim Auftreten der Himbeerrutenkrankheit müssen alle befallenen Triebe tief in den Boden hinein abgeschnitten werden. Bei einer Neupflanzung wählen Sie die resistente Herbstsorte 'Autumn Bliss'.

› Lange Triebe von Kiwis werden auf 3 bis 4 Blätter eingekürzt.

› Stark zehrendes Gemüse wie Gurken oder Tomaten werden weiterhin mit Nährstoffen (in geringer Dosis) versorgt.

› Wurzelgemüse wie Rettich oder Karotten bzw. Möhren nicht reihenweise ernten. Nehmen Sie nach Bedarf immer nur die dicksten Exemplare heraus. So haben die restlichen mehr Platz und können noch ordentlich zulegen.

› Schützen Sie Weintrauben mit Netzen vor den Vögeln.

Balkon & Terrasse

› Blattläuse lieben es heiß und trocken. Sie treten unter diesen Bedingungen verstärkt auf. Kontrollieren Sie deshalb Ihre Pflanzen regelmäßig.

› Reduzieren Sie bei mehrjährigen Balkon- und Kübelpflanzen langsam die Wassergaben und stellen Sie die Düngung ein.

Zimmerpflanzen

› Zimmerpflanzen allmählich wieder weniger gießen, aber weiterhin düngen.

Vogelbeere

Fragen zum **Spätsommer**

Ziergarten

Umpflanzschock ist normal

Ich habe im August zwei große Platanen eingepflanzt, kurz danach bekamen sie schon gelbe Blätter, die teilweise ins Bräunliche übergehen. Die Pflanzen standen im Topf. Zu wenig gegossen habe ich bestimmt nicht – eher zu viel. Was kann das bedeuten?

Keine Panik – auch sogenannte Containerbäume, also Bäume, deren Wurzeln in einem Topf stehen und so verkauft werden, erleiden einen Umpflanzschock. Warten Sie das kommende Jahr ab, geben Sie nur ein wenig Kompost auf die Baumscheibe und Sie werden eines beobachten – so richtig zu wachsen beginnen sie in 3 Jahren.

Gehölze, die Vögel mögen

Sie haben einmal Sträucher vorgestellt, die für Vögel zum Brüten und als Futterquelle geeignet sind. Welche kann ich pflanzen?

Im Prinzip alle Wildgehölze, wie Sanddorn, Eberesche, Traubenkirsche oder auch Haselnüsse. Aufpassen auf den Platz, der zur Verfügung steht – manche der Gehölze werden sehr groß, lassen sich aber immer stark zurückschneiden.

Kranker Efeu

Bei meinem alten Efeu, der eine ganze Mauer umrankt und sehr wuchsfreudig ist, beobachte ich immer wieder kreisrunde braune Flecken auf den Blättern, die sich nach und nach ausdehnen, bis die Blätter ganz braun sind und abfallen. Betroffen sind immer nur ältere Blätter und nie die frisch ausgetriebenen. Ist das eine Pilzerkrankung und kann man die mit natürlichen Mitteln bekämpfen?

Exakte Bestimmungen lassen sich oft nur mit einem Blick durchs Mikroskop feststellen. Ich vermute eine Pilzerkrankung. Beim wuchskräftigen Efeu ist das eher zu vernachlässigen. Wie immer bei solchen Problemen: Kranke, abgefallene Blätter entfernen. Nie zu stickstoffreich düngen und, falls unbedingt gewollt, mit einem biologischen Fungizid – nämlich Schachtelhalmextrakt – immer wieder die Blätter übersprühen.

Phlox mit Mehltau

An meinem Phlox befindet sich Mehltau. Jährlich sind im Spätsommer die Blätter „gezuckert". Was tun?

Die weitverbreitete Pilzkrankheit befällt nicht nur Phlox, sondern auch viele andere Gartenpflanzen. Vermeiden Sie einen zu dichten Standort der Pflanzen, damit die Blätter nach dem Regen rasch abtrocknen können. Ansonsten gibt es mehrere Pflanzenstärkungsmittel, die vorbeugend gespritzt werden. Wichtig ist, dass Sie schon bei Vegetationsbeginn im Frühjahr mit der Spritzung beginnen und eine Wiederholung etwa alle 10 bis 14 Tage vornehmen.

Pflanzen fürs Kiesbeet

Zwischen Gehsteig und Gartenzaun ist ein Schotterstreifen. Wächst dort etwas?

Ganz bestimmt. Vor allem dann, wenn dieses „Kiesbeet" in der Sonne liegt. Pflanzen wie Dachwurz, Thymian, aber auch viele andere trockenheitsliebende Gewächse fühlen sich hier wohl.

Robust für den Winter

BIO-TIPP

Einige Pflanzen sind in unseren Gärten nicht ganz frostfest. Daher muss man sie nicht nur im Winter schützen, sondern auch im letzten Drittel des Gartenjahrs richtig düngen. Patentkali ist dafür der ideale Nährstoff, denn er lässt die Triebe aller Pflanzen ausreifen und das kräftige Wachstum hört auf.
Rasendünger enthalten für die Herbstdüngung ebenfalls mehr Kalium. Das fördert das Ausreifen der Gräser und macht sie krankheitsresistenter und frostbeständiger. Es gibt aber noch einige Pflanzen, die für so eine Kali-Gabe besonders dankbar sind: Feigen, die an geschützten Standorten ausgepflanzt wurden, sind nach der Kali-Gabe deutlich robuster. Gleiches gilt für einige Clematis (z. B. *Clematis montana*) oder auch die Bitterorange (*Poncirus trifoliata*). Auch sie sind nach einer Düngung mit Patentkali im August wesentlich frostfester.

Damit die Clematis gut ausgereift und robust in den Winter geht, sind Kali-Gaben empfehlenswert.

Sumpfbeet statt Moorbeet

Kann ich an einer sumpfigen Stelle im Garten ein Moorbeet anlegen?

Wenn ein Moorbeet im landläufigen Sinn gemeint ist, also mit Rhododendren und Azaleen, dann nicht. Diese Pflanzen werden zwar Moorbeetpflanzen genannt, gemeint ist damit aber die Tatsache, dass sie weitgehend einen kalkfreien Boden benötigen. Staunässe ist für die Pflanzen tödlich. Für die „Sumpfwiese“ eignen sich hingegen Wollgras oder Rohrkolben.

Schädling und Nützling: Maulwurfsgrille

Ich vermute, dass sich in meinem Garten Maulwurfsgrillen befinden. Gibt es für diese natürliche Feinde?

Maulwurfsgrillen sind in manchen Gärten völlig unbekannt, in anderen fressen sie ganze Beete leer. Meist in älteren Gärten tauchen die bis zu 10 cm großen Schädlinge auf. Die Insekten leben in Gängen und ernähren sich von Wurzeln und Knollen, lassen aber auch frisch gesetzte Pflänzchen zwischen den Beißwerkzeugen verschwinden. Dann und wann frisst die Werre auch ein Schadinsekt – ein kleiner positiver Aspekt bei all dem Schaden. Fördern Sie Amseln und Spitzmäuse. Sie sind die natürlichen Feinde.

Fertig gereifter Kompost

Ich möchte gern Komposterde zum Bepflanzen meines Herbstbeets verwenden. Wie weiß ich, ob ich die Komposterde schon verwenden kann?

Um zu testen, ob die Komposterde verwendbar ist, können Sie eine Keimprobe durchführen. Kressesamen reagieren rasch auf noch schädliche Substanzen. Geben Sie Komposterde in einen Blumentopf-untersetzer, streuen Sie Gartenkresse aus, gießen Sie gut an und legen Sie eine Glasplatte als Verdunstungsschutz darauf. Keimt die Kresse dicht und grün, ist die Erde gebrauchsfertig. Fallen viele Samen aus oder sind die Blätter gelblichgrün oder verfaulen, muss der Kompost noch nachreifen.

Farne für die Sonne

Ich liebe Farne, allerdings ist auf den Etiketten immer zu lesen, dass man diese nicht in die Sonne pflanzen darf. Gibt es auch Farne für die Sonne?

Ja, zum Beispiel den Wurmfarn, der zwar einen großen Ausbreitungsdrang besitzt, aber auch in Trockensteinmauern perfekt gedeiht. In der ersten Wachstumsphase benötigt aber auch er ausreichend Wasser.

Düngen? Ja und nein!

Mein Tipp

Im Ziergarten ist im Spätsommer die Zeit der beiden Lager: Die einen müssen noch gedüngt werden, die anderen sind schon auf herbstlicher Diät. Alle Balkonblumen, wie zum Beispiel die Surfinien, benötigen nun viel Zuwendung in Form von flüssigem Dünger. Dann blühen sie wieder kräftig und werden auch nicht krank. Alle Gehölze dürfen aber keinesfalls mehr mit Nährstoffen versorgt werden, sonst würden sie zu stark wachsen und die Triebe nicht frostfest werden.

Nutzgarten

Kräuter im Blumenbeet

In meinem Garten möchte ich mehr Kräuter anbauen, habe aber keinen ausreichenden Platz mehr für ein Kräuterbeet. Welche Kräuter lassen sich gut im Blumenbeet integrieren und welche sind winterhart, die ich im Staudenbeet wachsen lassen kann?

Viele Kräuter können harmonisch ins Blumenbeet integriert werden. Für sonnige, eher trockene Plätze eignen sich Salbei, Thymian, Ysop, Lavendel und Wermut. Halbschattige Standorte bevorzugen Estragon, Zitronenmelisse, Dill, Bärlauch und Liebstöckel. Gewürzpflanzen, die im Freien überwintern, sind Brunnenkresse, Bärlauch, Kren, Estragon, Liebstöckel, Majoran, Melisse, Oregano und winterharter Thymian. Petersilie und Schnittlauch werden im Haus überwintert, können aber mit Winterschutz auch im Kräuterbeet bleiben. Bohnenkraut sät sich von selbst aus und kommt immer wieder.
Übrigens: Ysop wächst auch sehr gut auf trockenen, kargen Böden zusammen mit Currystrauch, Weinraute, Eberraute und Tripmadam und bereichert die Küche mit „neuem“ Aroma.

Safran im Garten

Ich möchte in meinem Garten Safran pflanzen. Wann und wie mache ich das?

Die Knollen des echten Safran (*Crocus sativus*) pflanzt man im August. Ganz wichtig ist eine durchlässige Erde in voller Sonne. Es sollte eine geschützte Stelle sein. Zunächst erscheinen einige Blätter, dann die blaue Krokusblüte, und darin ist das „Gold“ zu finden – der Griffel, der Kuchen und Reis gelb färbt. Die Laubblätter sollten möglichst lange die Knolle mit Kraft fürs kommende Jahr versorgen – oft bis ins Frühjahr. Danach ruht die Knolle bis zum September und Oktober.

Nützlinge sind auch im Spätsommer unterwegs und auf der Suche nach einer geeigneten Behausung – in Vorbereitung auf den Winter.

Kräuter lassen sich auch hervorragend in Töpfen kultivieren und kommen teilweise mit Trockenheit gut zurecht.

Der Trick mit der Eisenplatte

Im Supermarkt kann ich immer wieder dicke Krenwurzeln entdecken. Meine Krenwurzeln im Garten bleiben allerdings meist dünn und brechen sogar bei der Ernte ab. Sorten gibt es allerdings keine. Wie bekomme ich meine Wurzeln also dicker?

Kren oder Meerrettich wird am besten im Herbst geerntet, wenn sich die Pflanzensäfte in die Rhizome zurückziehen und der Kren dann einen intensiveren Geschmack erhält. Dabei wird mit der Ernte gewartet, bis das Laub abgestorben ist. Kräftige Hauptwurzeln können Sie in feuchtem Sand vorübergehend einschlagen und somit lagern. Damit die Hauptwurzel besonders dick wird, gibt es einen Trick: Graben Sie in etwa 50 cm Tiefe eine Eisenplatte unter den Wurzeln ein. Damit können diese nicht weiter nach unten dringen und wachsen so notgedrungen in die Breite. Die dünnen Seitenwurzeln können Sie gezielt für eine Neuanpflanzung verwenden. Übrigens gibt es auch beim Kren Sorten: etwa 'Susdal', 'Riga' oder 'Jelgava'. Der Handel unterscheidet jedoch lediglich nach der Herkunft und sie haben im Hobbyanbau auch kaum eine Bedeutung.

Unterschiedlicher Himbeerschnitt

Muss ich meinen Himbeerstrauch schneiden?

Bei sommertragenden Himbeeren werden alle abgetragenen Triebe nach der Ernte geschnitten. Die

neuen Triebe bekommen dann im folgenden Jahr Früchte. Herbsttragende Himbeeren werden nach dem ersten Frost zur Gänze bodeneben abgeschnitten, weil sie auf den einjährigen Trieben Früchte tragen.

Feuchter Sommer schwächt Apfelbaum

Wir haben einen alten Apfelbaum, der sehr spät reift. Seit einem Monat fallen Blätter und Früchte auf den unteren Ästen ab. Einige Äste sind fast kahl. Was kann die Ursache sein?

Hier hat der feuchte Sommer seine Wirkung getan. Pilzkrankheiten haben sich extrem ausgebreitet. Ich würde alles Laub entfernen, den Baum mit Kompost versorgen und – falls möglich – mit Schachtelhalmtee im kommenden Frühjahr einige Male übersprühen.

Tomatensamen sammeln

Kann ich Samen von meinen Tomaten fürs nächste Jahr ernten?

Samen von Tomaten kann man nur dann verwenden, wenn es sich um keine F1-Hybriden handelt. Diese würden ganz andere Früchte ergeben, als im heurigen Jahr gewachsen sind. „Samenfest" sind vor allem die alten Sorten. Gemacht wird das ganz einfach: Früchte überreif werden lassen, auspressen und nach einigen Tagen durch ein feines Sieb auswaschen, abtrocknen und dunkel in Papiersäckchen aufbewahren.

Brombeeren bleiben rot und hart

Bei einigen Brombeeren sind Teile der Früchte nicht ganz schwarz und bleiben grün oder rot. Die Frucht ist steinhart und nicht zu verwenden. Welche Krankheit ist das?

Vermutlich ist die Brombeergallmilbe an den Früchten. Betroffene Beeren sofort entfernen und in der Mülltonne entsorgen. Macht man das nicht, vermehrt sie sich sehr rasch und kann innerhalb von wenigen Jahren ganze Kulturen befallen.

BIO-TIPP

Ungewöhnliche Herbstsaat

Es klingt schon ein wenig komisch, aber es ist tatsächlich möglich, das Saatgut von Karotten bzw. Möhren bereits im Herbst in die Erde zu bringen, um sich im Frühjahr Arbeit zu sparen. Die kleinen Samenkörner liegen dann monatelang in der Erde – gut geschützt und so, als ob sie von der Natur dort hingelegt worden wären. Im Frühjahr beginnen sie mit der exaktesten Uhr, die es gibt, zu wachsen. Nämlich genau dann, wenn die Bodentemperatur passt und ausreichend Feuchtigkeit sowie genug Licht zum Keimen vorhanden ist. Eben so, wie es die Natur immer schon gemacht hat, lange bevor der Mensch das Ruder übernehmen wollte.

Balkon & Terrasse

Oleander mit Pilzbefall

Unser Oleander hat neben gesunden und schönen Blütenansätzen auch welche, die schwarz und verkrüppelt werden. Was hat er?

Das sind Pilzkrankheiten, die vor allem durch zu wenig Sonne (im Vorjahr begann die Ursache) und zu viel Regen ausgelöst werden. Betroffene Triebe bis ins gesunde Holz abschneiden. Schere immer gut mit Alkohol desinfizieren.

Wespen fressen Schildläuse

Wir haben ein Problem mit Wespen! Unser Zitrus wird regelrecht von Wespen befallen, die auf den Blättern herumtollen. Was kann ich dagegen machen?

Wenn Sie genau beobachten, dann werden Sie auf den Blättern Schildläuse finden – die sind ein „gefundenes Fressen" für die Wespen. Reinigen Sie die Blätter mit Schmierseifenwasser, damit kann man die Schildläuse beseitigen, dann mit Rapsölpräparat einsprühen.

Surfinien ausreichend düngen

Meine Surfinien bekommen im Spätsommer immer Mehltau. Sind die Krankheitserreger in meinen Kisterln?

Die Ansteckung ist weniger das Problem, der Mehltau kommt durch zu wenig Düngung. Gerade in der zweiten Sommerhälfte ist der Dauerdünger aufgebraucht. Wer nun kräftig (2- bis 3-mal pro Woche) nachdüngt, der wird ein intensives und vor allem vollkommen gesundes Wachstum bei den Balkonblumen erleben. Einzig jene Balkonblumen, die überwintern, sollte man ab September nicht mehr düngen – damit werden sie im Wachstum gebremst und die Triebe reifen aus.

Verblühtes ausschneiden

Ist es notwendig, dass ich die Sommerblumen ausschneide? Sie blühen bei mir auch so immer schön. Die Nachbarin hingegen sagt, sie hören zu blühen auf.

Viele neue Sommerblumen setzen keine Samen an und blühen deshalb bis zum Ende der Saison. Manche Pflanzen sollte man aber „ausputzen". Beispielsweise die Duftwicken oder die Kapuzinerkresse. Beginnen diese Samen auszubilden, hören sie zu blühen auf.

Schöne schwarze Erde

Für meine Herbstbeete bin ich auf der Suche nach einer schönen schwarzen Erde, die nicht so grobfasrig ist wie jene, die im Handel als „Blumenerde" angeboten wird. Können Sie mir einen Tipp geben?

Besonders feine schwarze Erde – von vielen Laien als „schönste Erde" eingestuft – ist mit Sicherheit eine der schlechtesten für die Pflanzen. Zu feine Bestandteile neigen nämlich zum Verschlämmen. Die Pflanzen benötigen aber auch im Wurzelraum Luft. Daher eher grobfasrige Erde wählen – die ist mit Sicherheit besser geeignet.

Viel Gießen macht schöne Pflanzen.
FALSCH!

Wer meint, dass er mit „mehr Gießen" schönere Pflanzen bekommt, der irrt. Nur wer alle paar Tage durchdringend gießt, bekommt die schöneren Pflanzen. Auch „kaltes Wasser" erfrischt die Pflanzen nicht, sondern bereitet ihnen eher Probleme – und dass der Oleander lieber Leitungswasser hat als Regenwasser, weiß man mittlerweile auch.

Versuchen Sie mal Duftpelargonien als Zimmerpflanzen zu halten. Am Fensterbrett bei ausreichend Licht klappt das prima.

Zimmerpflanzen

Blaukorn im Zimmergarten

Kann ich meine Zimmerpflanzen auch mit Blaukorn düngen oder ist der Dünger nur für den Garten geeignet?

Der Biogärtner nimmt weder im Garten noch im Zimmer mineralische Dünger – und dazu zählt Blaukorn. Organische Dünger sind viel sanfter, haben eine längere Düngerwirkung und versalzen die Erde nicht. Auch gibt es keine Verbrennungen. Nur auf eines sollten Sie aufpassen: Biodünger darf man angesetzt nicht zu lange stehen lassen.

Wasserstecklinge richtig in Erde topfen

Ich habe von meinen Zimmerpflanzen mehrmals Stecklinge geschnitten und im Wasser wurzeln lassen. Sobald ich sie in Erde einsetze, kümmern sie nur dahin und sterben schließlich ab. Was kann die Ursache dafür sein?

Die Umstellung von Wasser auf Erde ist für Pflanzenwurzeln immer schwierig. Vor allem dann, wenn die Erde zu stark gedüngt ist. Wählen Sie als erstes Pflanzgefäß einen nicht zu großen Topf und verwenden Sie Aussaaterde – die ist nämlich nicht vorgedüngt. Bemerken Sie erste Wachstumszeichen, dann düngen und nach einigen Wochen mit normaler Erde in einen passenden Topf setzen.

Wasser aus dem Wäschetrockner

Ist es richtig, dass ich das Kondenswasser aus dem Wäschetrockner zum Gießen meiner Zimmerpflanzen verwenden kann?

Bedingt. Grundsätzlich ist es richtig, dass dieses Wasser ein destilliertes, also kalkfreies Wasser ist. Allerdings hat man festgestellt, dass sich geringe Reste an Waschpulver im Wasser befinden. Ich würde es nur ab und zu bei kalkfeindlichen Pflanzen verwenden (Azaleen, Kamelien) und einige Tage im Freien stehen lassen.

Gleichmäßiger Wuchs: Pflanzen drehen

Meine Birkenfeige wächst einseitig. Meine Nachbarin meint, ich soll die Pflanze jede Woche ein Stück drehen. Doch habe ich auch gehört, dass das der Pflanze schadet. Was ist nun richtig?

Die Nachbarin hat recht. Dreht man eine Zimmerpflanze regelmäßig ins Licht, dann wächst sie nicht nur gleichmäßiger, sondern auch kräftiger. Allerdings sollte man dies tatsächlich immer wieder machen und nicht bloß alle Monate. Dann kann es nämlich dazu kommen, dass die Birkenfeige die Blätter fallen lässt.

Duftpelargonien als Zimmerpflanzen

Kann ich Duftpelargonien wirklich als Zimmerpflanzen kultivieren und damit die lästigen Schnaken loswerden?

Duftabwehr ist ein altes Prinzip der biologischen Schädlingsbekämpfung. Aber niemals mit 100%igem Erfolg. Duftpelargonien sind bereits von Vielen Pflanzenfreunden zur Abwehr von Gelsen und zur Schnakenbekämpfung eingesetzt worden. Eines ist jedenfalls sicher: Duftpelargonien sind auch im Zimmer sehr dekorativ.

Palmen lieben das Freiland

Meine Kokospalme, die seit 2 Jahren im Wohnzimmer steht, will nicht so recht wachsen. Die Blätter werden teilweise gelb mit braunen Flecken. Wie soll ich sie am besten pflegen?

Palmen leiden in den Wohnungen vor allem unter Lichtmangel und unter der trockenen Luft. Daher, wann immer es möglich ist, die Pflanze im Sommer ins Freie stellen. Die ersten 3 bis 4 Wochen in den Halbschatten stellen, sonst verbrennen die Blätter. Braune Flecken könnten auf zu nasse Erde hindeuten.

Zeit der Alpenveilchen

Mein Tipp

Der Spätsommer ist die Zeit der Cyclamen – der Alpenveilchen. Die Stöcke mit den Blüten in den Farben Weiß, Rosa und Rot sind nicht nur eine Zimmerpflanze, sie können bis weit in den November hinein auch im Freien gehalten werden. Danach kommen aber alle Töpfe ins Zimmer, denn *Cyclamen persicum* ist eine mehrjährige Pflanze, die Jahr für Jahr wieder blüht. Gießen und düngen und erst im Frühsommer gibt's eine kurze Ruhezeit, dann treibt sie wieder aus.

Frühherbst

Man riecht es schon beim Hinausgehen in den Garten: Es duftet nach Herbst. Nebelfelder am Morgen, aber doch noch kräftiger Sonnenschein tagsüber prägen diese Jahreszeit, für die die Reife des Holunders und die Blüte der Herbstzeitlosen die Zeigerpflanzen sind. In den Wäldern ist längst die Zeit zum Schwammerlsammeln gekommen, aber auch im Garten riecht alles ein wenig anders. War es regnerisch, beginnen Pflanzenteile zu verrotten, da und dort fallen erste Blätter – vor allem in einem trockenen Herbst. Dann beginnen die Bäume Kraft zu sparen und Nährstoffe aus dem Laub abzubauen, wenn sie wegen des fehlenden Niederschlags keine aus dem Boden holen können. Reif werden auch die Zwetschken – in Kombination mit Holunder ist das das typische Herbstkompott.

Was ist jetzt zu tun?

Frühherbst

Herbstzeitlose

Kornelkirsche

Apfel

Haselnuss

Holunder

Sanddorn

So erkennen Sie den Frühherbst:

Herbstzeitlose (*Colchicum autumnale*)
Die Blüte markiert den Anfang des Frühherbstes.

Holunder (*Sambucus nigra*)
Zu Beginn der Jahreszeit reifen die Früchte.

Haselnuss (*Corylus avellana*)
Die ersten Früchte reifen zu Beginn dieser Jahreszeit.

Apfel (*Malus*)
Die Fruchtreife setzt am Anfang des Frühherbstes ein.

Sanddorn (*Hippophae rhamnoides*)
Am Ende der Jahreszeit beginnen die Früchte zu reifen.

Kornelkirsche (*Cornus mas*)
Die Früchte reifen am Ende des Jahresabschnitts.

Ziergarten

- Entfernen Sie rechtzeitig alle Samen tragenden Unkräuter, damit sich diese im kommenden Jahr nicht zu stark ausbreiten.
- Die Larven des Dickmaulrüsslers sind noch aktiv und fressen an den Wurzeln diverser Gehölze. Solange die Bodentemperatur über 15 °C liegt, können diese mit Nematoden bekämpft werden.
- Wer sich jetzt die Mühe macht, von Schädlingslarven und Krankheiten befallene Gehölzblätter zu entfernen, erspart sich so manches Massenauftreten im nächsten Jahr.
- Stauden wie Astilben, Tränendes Herz oder Pfingstrosen können geteilt und neu gepflanzt werden.
- Sommerblühende Clematis zurückschneiden, da sich im Sommer die Blüten aus den diesjährigen Trieben bilden.

Nutzgarten

- Wassertriebe von Obstbäumen können jetzt ausgeschnitten werden.
- Kompost und Mist in dünner Schicht auf abgeräumten Beeten einarbeiten. Der Kompost darf dabei auch halbreif sein.
- Leimringe gegen den Frostspanner werden jetzt angebracht.
- Pinseln Sie Blutlausnester mit Farnkrautextrakt aus.
- Empfindliches Gemüse über Nacht mit einem Vlies abdecken.
- Rhabarber, Zuckerhut, Endivien und Wintersalat können jetzt gepflanzt werden.
- Nicht vergessen, den Winterlauch anzuhäufeln, um lange helle Stangen zu erhalten. Auch Spätkohlarten werden angehäufelt.

Balkon & Terrasse

- Empfindliche Kübelpflanzen werden jetzt eingeräumt, um Erfrierungen zu verhindern. Der Erdballen sollte nicht nass, sondern angetrocknet sein. Nicht mehr düngen.

Zimmerpflanzen

- Wie die Bäume in der Natur, stellen sich auch Bonsai auf den Winter ein. Sie benötigen weniger Wasser. Größere Schnittmaßnahmen sollten nicht mehr erfolgen.

Kornelkirsche

Fragen zum **Frühherbst**

Rasenschnitt ist ein hervorragender Mulch, wenn er nicht zu dick aufgetragen wird.

Ziergarten

Laufkäfer fressen Schnecken

Viele kleine gelbe Schnecken mit Haus bevölkern meinen Garten – vor allem auf den Bohnen sind sie in Massen. Auch blühende Pflanzen sind befallen. Wie bekomme ich diese weg?

Nützlinge fördern – denn in den Steinhaufen und Trockenmauern leben die Gegner. Laub unter Gehölzen liegen lassen, da verstecken sich die Laufkäfer und auch die Igel. Als letzte Maßnahme Schneckenkorn auf Eisen-III-Phosphat-Basis streuen. Auch jetzt noch.

Rasen nochmals düngen

Sie haben mehrmals in den TV-Sendungen empfohlen, den Rasen auch im Herbst zu düngen. Wozu ist das jetzt noch notwendig?

Ganz einfach: Wenn Sie im Oktober organischen Dünger ausbringen, dann wird das Bodenleben einen Teil noch pflanzenverfügbar machen und die Gräser kräftigen. Der Rest bleibt im Boden, und sobald Temperatur und Feuchtigkeit im Frühjahr passen, werden die organischen Düngersubstanzen wieder zu Stickstoff und damit zu wertvollem Nährstoff umgewandelt. Damit beginnt das Gras gleich kräftig ins neue Gartenjahr zu wachsen und verdrängt das Unkraut.

Im Schatten unter Bäumen

In meinem Garten werden die Bäume allmählich größer und werfen immer mehr Schatten. Haben Sie einen Rat, was ich darunter anpflanzen kann?

Wie wir Menschen kommen auch Gärten ins Alter. Ein „alter" Garten kann durchaus seine Reize haben. Meist sind Bäume und Sträucher schon so groß geworden, dass darunter viele Schattenflächen entstehen. Farne, Funkien und viele Frühjahrsblüher machen solche Gärten zu einer richtigen Oase der Natur.

Moos im Rasen

Was kann ich bei einer sehr starken Vermoosung im Herbst machen? Hat es überhaupt Sinn, meinen Rasen zu vertikutieren?

Ja, das macht Sinn – allerdings ist es wie bei Kopfschmerzen: Die Tablette hilft nur vorübergehend, die Ursache muss bekämpft werden. Beim vermoosten Rasen liegt sicherlich Nährstoffmangel vor. Also gleich nach dem Vertikutieren eine Herbstdüngung vornehmen. Aber auch zu viel Staunässe (Sand aufstreuen) und zu wenig Licht können ein Grund sein.

Schwarzäugige Susanne aus Samen ziehen

Auf meiner Terrasse wächst die Schwarzäugige Susanne, die ich aus Samen vermehrt habe und die einen dichten Blickschutz gebildet hat. Nachdem ich sie in einem großen Kübel gepflanzt habe, möchte ich sie gern überwintern. Lohnt sich das? Wie soll ich sie im Winter behandeln?

Nein, das lohnt sich nicht. Die Pflanzen werden kaum überleben. In einem Gewächshaus könnten sie den Winter überstehen, es gehört aber viel Fingerspitzengefühl dazu. Besser ist es, sie im kommenden Jahr neu aus Samen zu ziehen. Fangen Sie schon im Vorfrühling mit der Aussaat im Zimmer an, dann haben Sie rascher große Pflanzen.

BIO-TIPP

Perlenernte unter Steinen

Unter Brettern und Steinen liegen jetzt zu Hunderten die Schneckeneier. Vernichtet werden sie am besten, indem man sie mit heißem Wasser überbrüht. Nicht vergessen: Laub unter Bäumen, Hecken und Sträuchern (nicht am Rasen) liegen lassen. Darunter verstecken sich nicht die Schnecken, sondern deren Gegner – die Laufkäfer. Und im Laubhaufen lebt der Igel – ebenfalls ein großer Schneckenvernichter.

Die Schwarzäugige Susanne lässt sich nur schwer überwintern. Sie wird am besten jedes Jahr neu aus Samen gezogen.

Blumenwiese im Rasen

Ich habe nur eine kleine Rasenfläche und bedauere, dass kein Platz für eine Blumenwiese ist. Funktioniert es, wenn ich in die Rasenmitte ein Beet anlege?

Wer nur einen kleinen Garten besitzt, muss nicht auf eine Blumenwiese verzichten. An den Außenseiten des Rasens – zum Beispiel zur Hecke hin – lassen Sie ein bis eineinhalb Meter Wiese stehen. So können Sie die Vorteile eines Rasens mit jenen der Blumenwiese verbinden.

Flieder für kleine Gärten

Haben Sie einen Tipp für einen kleinwüchsigen Flieder, den ich auch in meinen Steingarten bzw. Trog meiner Terrasse setzen kann?

Der Flieder kann sowohl strauchförmig als auch als kleiner Baum gezogen werden, sofern er dafür richtig geschnitten wird. Interessant für kleine Gärten und Tröge ist *Syringa meyeri* 'Palibin', der „Zwergduftflieder", der maximal eineinhalb Meter hoch wird und duftende helllila Blüten besitzt. Bei veredelten Sorten immer den Austrieb, der aus dem Wurzelbereich kommt, entfernen.

Nährstoffräuber

Meine Rosen sind alle kaputt. Kann das daran liegen, dass sie neben dem Kirschlorbeer gepflanzt wurden? Ist Kirschlorbeer ein Rosenkiller?

Nein, der Kirschlorbeer ist sicherlich nicht daran schuld. Aber das immergrüne Gehölz entzieht dem Boden sehr viele Nährstoffe und nimmt sie den Rosen weg. Damit die Rosen neben dieser Pflanze trotzdem gedeihen, brauchen sie – vor allem im Frühjahr – ausreichend Kompost und Dünger.

Käferplage bei Seerosen

Wie werde ich die lästigen Seerosenblattkäfer aus meinem Teich wieder los?

Der Seerosenblattkäfer ist vor allem in den vergangenen Jahren sehr aktiv und damit zum Problem geworden. Weder biologische noch chemische Produkte sind derzeit zugelassen bzw. möglich, weil sonst das gesamte Tierleben im Teich in Mitleidenschaft gezogen werden würde. Die beste Methode ist es, die kleinen Eigelege, die im Frühjahr auf den Blättern zu finden sind, mit dem scharfen Strahl des Wasserschlauchs abzuspritzen.

Mein Tipp

Arbeiter fürs Gärtnergold

Wem es nicht schnell genug gehen kann, dass das Pflanzenmaterial zu wertvollem Kompost umgewandelt wird, kann nachhelfen: mit Kompostwürmern der *Eisenia*-Sorten. Sie setzen das Material wesentlich rascher um und erzeugen den wertvollen Wurmkompost, der sehr nahrhaft ist. Erhältlich sind Würmer und Eier im Fachhandel, die in den Kompost ausgebracht werden müssen.

Nutzgarten

Edelkastanien brauchen Pollenspender

Unsere Edelkastanie ist 8 Jahre, wächst sehr rasch, ist gesund, aber der Baum ist nicht tragfreudig. Außerdem sind die Früchte meist Kümmerlinge. Die Erde ist lehmig, aber ohne Staunässe, der Standort ist sonnig.

Edelkastanien fruchten nur zufriedenstellend, wenn ein zweiter Baum als Pollenspender in der Nähe steht. Bedenken Sie, dass Maroni sehr große, ausladende Bäume werden und nur dann gut fruchten, wenn Sie sie nicht zu viel schneiden. Es gibt aber auch speziell kleinkronige Sorten.

Mehltau am Wein

Meine Weintraubenblätter sind abgestorben und die Früchte sind teilweise faul. Welches Spritzmittel gegen den Mehltau soll ich verwenden und hilft Mulchen zur Pflanzenstärkung?

Mulchen ist das Um und Auf, allerdings hängt die Gesundheit der Pflanzen von den Sorten und dem Standort ab. 'Bianca' ist eine besonders gesunde weiße Traube, 'Regent' eine robuste blaue Traube. Wein benötigt volle Sonne.

Ist Kalkanstrich sinnvoll?

Wie sinnvoll ist es, meine Obstbäume mit einem Kalkanstrich zu versehen?

Was sich auf den ersten Blick nach viel Arbeit anhört, spart längerfristig Zeit und Verdruss: ein Kalkanstrich der Obstbäume, und zwar nicht nur der Stämme (das geschieht, um sie vor Winterfrostrissen zu schützen), sondern auch sämtlicher Hauptäste. So behandelte Bäume haben im nächsten Jahr viel weniger Probleme mit Schädlingen. Der Weißanstrich vernichtet die lästigen Überwinterungsgäste auf der Rinde.

Feldsalat rechtzeitig aussäen

Wie lange kann ich Feldsalat anbauen? Vergangenes Jahr ist er bei mir nichts geworden, als ich ihn Ende Oktober gesät hatte.

Je nach Gegend kann man zwar noch Ende Oktober säen, meist ist es aber zu spät. Ich würde als ungefähre Richtlinie die Vollreife der Rosskastanien heranziehen. Beginnt hier der Fruchtfall, ist es für Feldsalat (bzw. Vogerlsalat) und Spinat zu spät. Im Frühbeet geht's einige Tage länger.

Ein Kalkanstrich ist langfristig sinnvoll, weil dadurch lästige Überwinterungsgäste auf der Rinde vernichtet werden.

Igel sind nicht nur putzig, sondern auch große Schädlingsvertilger in unserem Garten.

Igel als Schädlingsjäger

Ich lebe am Land, dennoch gibt's in meinem Garten keinen Igel. Kann ich jetzt etwas unternehmen, um ihm das Leben bei mir schmackhaft zu machen?

Ja. Gerade im Herbst beginnt die Quartiersuche der stacheligen Tiere. Damit sich die Schädlingsjäger wohlfühlen, sollten Sie am Rande des Gartens einen Totholzhaufen anlegen: alte Äste, größere Wurzelstöcke und vor allem Laub anhäufen. Mit Reisigzweigen abdecken, damit die Blätter nicht davonfliegen. Diese Igelvilla ist das beste Überwinterungsquartier. Stellt man im Handel erhältliche fertige Bauten auf, kann man sie mit dem Schnittgut abdecken.

Wurmigen Äpfeln jetzt vorbeugen

Ich habe einen großen Apfelbaum, auf dem viele Früchte hängen. Leider sind alle wurmig, obwohl ich im April einen Leimgürtel angebracht habe. Was habe ich falsch gemacht? Kann ich mit dem Raupenleimgürtel auch Ameisen fernhalten, die sich an den Triebspitzen mit den Blattläusen vergnügen?

Leimringe legt man beim Apfelbaum gegen den Frostspanner Ende September an. Die ungeflügelten Weibchen können nicht fliegen, klettern zu dieser Zeit über die Stämme in die Baumkronen und bleiben an diesen Leimringen kleben. Im Dezember/Jänner sollte man die Leimringe entfernen und verbrennen, denn mancher Frostspanner legt noch Eier ab.

Die Raupen klettern dann über den frostharten Leim. Doch ein „Wurm" kann durch den Apfelwickler in die Früchte kommen. Im Mai hängt man sogenannte Pheromonfallen auf, die locken die Männchen, die dann auf den Leimtafeln kleben bleiben. Damit können sie keine Weibchen mehr befruchten. Gegen Blattläuse hängen Sie am besten Ohrwurmhäuschen auf (Tontöpfe mit Holzwolle). Ohrwürmer sind große Blattlausvertilger.

Brechende Äste vom Nussbaum

Unser alter Nussbaum ist schon 100 Jahre alt und ein echtes Schmuckstück. Von Zeit zu Zeit brechen jetzt aber Äste ab. Sollen wir ihn zurückschneiden?

Grundsätzlich schneidet man Nussbäume im August, weil zu diesem Zeitpunkt die „Wundheilung" am besten funktioniert. In Ihrem Fall empfehle ich aber, eine Sofortmaßnahme zu ergreifen, da morsche Äste gefährlich sein können. Am besten sollte sich das ein Spezialist anschauen. Allerdings ist Ihr Baum wirklich schon sehr, sehr alt. Es gibt nur wenige, die älter sind als 120 Jahre. Wahrscheinlich muss er sogar bald gefällt werden.

Wespenplage am Wein

Wir haben eine Weinlaube, in der demnächst die Trauben reif sein werden. Ob davon aber noch welche übrig bleiben, ist bei der Wespenplage fraglich. Welchen Tipp haben Sie, um die Wespen von den Trauben fernzuhalten?

Wespenfallen (Glasflaschen mit Honig-Essig-Wasser) aufhängen. Große graue Papierknäuel (gibt's auch als „Waspinator" zu kaufen) aufhängen, weil sie „feindliche" Nester der Hornissen simulieren, die die Wespen meiden und somit vertreiben. Jetzt können Sie übrigens die Triebe auch sehr gut zurückschneiden. Jene, die keine Früchte tragen, auf zwei Blätter zurückschneiden. Triebe mit Früchten zwei Blätter über der Traube abschneiden.

BIO-TIPP

Eier sammeln

Der Frühherbst ist die Zeit, in der die gefürchtete und oft gehasste, große Braune Wegschnecke ihre Eier legt. Sie ist eine der ersten, und wenn die Witterung passt, schlüpfen noch im Spätherbst die jungen Schnecken. Schnecken legen ihre Gelege in Erdlöcher und Ritzen, unter morsches Holz und Laubdecken. Halten Sie Ihren Gartenboden locker bzw. achten Sie darauf, schweren Boden zu lockern, um Ablagestellen zu verhindern. Bodenbearbeitung ist also eine wichtige Maßnahme, um Schnecken zu vermindern. Sammeln Sie so viele Schnecken wie möglich vor der Eiablage ab, zerstören Sie sichtbare Eigelege. Das Jahr über können Schnecken von empfindlichen Kulturen mit grob gehäckseltem Schilf und Holzhäcksel, die in dichten Reihen rund um die Beete gelegt werden, abgehalten werden. Grobe und stechende Materialien meidet die Schnecke.

Schnecken lieben Tagetes. Regelmäßig auf Schneckenjagd gehen, um Eigelege und damit einen starken Befall im Folgejahr zu verhindern.

Balkon & Terrasse

Feigenbaum aus Stecklingen

Aus Italien habe ich Stecklinge von einem herrlichen Feigenbaum mitgebracht. Ich habe sie in kleine Blumentöpfe eingesetzt und sie haben sehr gut ausgetrieben. Was muss ich beim Einsetzen im Garten beachten?

Ich würde die Stecklinge noch mindestens 1 Jahr im Topf lassen und an frostfreier Stelle überwintern. Erst im übernächsten Jahr im Vollfrühling an geschützter Stelle auspflanzen, etwas tiefer als im Topf und im Winter den Boden dick mit Laub abdecken.

Pelargonien jetzt noch vermehren

Kann ich auch im Herbst noch Pelargonien vermehren? Und vor allem: wie?

„Jein", würde ich sagen. Die Vermehrung durch Stecklinge geht am besten im Sommer. Dennoch würde ich es versuchen. Etwa 10 cm lange Triebe abschneiden, Blüten und Knospen entfernen und mit einem scharfen Messer knapp unter einem Blatt abschneiden. In eine sandige Erde (Anzuchterde oder Kakteenerde eignen sich am besten) stecken und möglichst hell und nicht zu kühl aufstellen. Nach einigen Wochen beginnen die Pflanzen Wurzeln zu treiben. Dann Umtopfen und mäßig feucht überwintern. Je heller sie stehen, desto besser, weil die Pflanzen dann rascher blühen.

Pflanzen wieder ans Südfenster

Ab wann kann ich Pflanzen wieder ans Südfenster stellen? Ich hab einmal gehört, die Sonne ist im Sommer zu heiß. Bei uns ist es aber immer vollsonnig auf der Fensterbank.

An sich können Sie Pflanzen ab Oktober bis in den Februar hinein problemlos vollsonnig aufstellen. Einziges Problem könnte der Heizkörper direkt unter der Fensterbank sein. In diesem Fall sollten Sie einen großen Blumenuntersetzer mit Tongranulat füllen, gut anfeuchten und den Übertopf mit den Zimmerpflanzen daraufstellen. Dann gibt's keine Probleme mit der trockenen Luft und mit Spinnmilben.

Hühnermist im Blumenbeet

Meine Zimmervermieterin, bei der ich jedes Jahr „Urlaub am Bauernhof" mache, erzählte mir, dass ihre Balkonblumen deswegen so üppig wachsen und blühen, weil sie diese mit Hühnermist düngt. Ich habe aber gehört, dass Vogelmist zu scharf ist. Kann ich auch Taubenmist bzw. Mist von meinen Wellensittichen verwenden?

Im Freien kann man Zierpflanzen damit sicherlich (zur Not) versorgen, ich würde es aber aus hygienischen Gründen nicht machen. Besser ist es, alle tierischen Abfälle zu kompostieren und den Kompost auf die Beete und in die Blumenkisterln zu geben. Hornspäne und Biodünger sind die weitaus besseren Alternativen – ohne Gefahr des Verbrennens.

Garten-irrtümer

Salat wird faulig – Boden ist schuld. FALSCH!

Ganz so klar ist das nicht. Eine Überdüngung mit noch nicht fertigem Kompost kann zwar mit schuld sein, viel häufiger ist das Problem, dass die Pflanzen zu tief gesetzt wurden. Salatpflänzchen mit Wurzelballen am besten nur zur Hälfte einsetzen, dann bleibt das „Herz" des Salats ohne Fäulnis.

Zimmerpflanzen

Mit Zimmerhafer neu beginnen

Meine Freundin hat einen alten Zimmerhafer mit 80 cm Durchmesser, der immer wieder blüht, aber inzwischen zu groß geworden ist. Können Sie uns einen Tipp geben, was wir mit der Pflanze machen sollen? Uns bleibt nur der Ausweg, die Pflanze zu verschenken.

Den Zimmerhafer können Sie ganz leicht teilen und mit einem einzigen Trieb wieder „neu" beginnen. Und das Gute daran: Sie können viele andere Triebe verschenken und damit Freude bereiten.

Einmal Wolllaus, immer Wolllaus

An meinen Orchideen finde ich immer wieder so „wollige Pilze" – was ist das?

Das sind die besonders lästigen Wollläuse. Bekämpfen können Sie diese mit ölhaltigen Präparaten, die die Atemöffnungen der Tierchen verkleben. Allerdings überleben die Eier oft monatelang. Daher heißt es für den Biogärtner: einmal Wolllaus, immer Wolllaus!

Backpulver gegen Mehltau

Ein Gärtner hat mir empfohlen, meine Zimmer- und Balkonpflanzen, die vom Echtem Mehltau befallen sind, mit Spülwasser abzuwaschen. Hat dieses Hausmittel Erfolg oder schadet das der Pflanze?

Spülwasser schwemmt zwar die Erreger kurzfristig weg, danach muss man aber sofort das Blatt stärken. Zum Beispiel mit Schachtelhalmextrakt. Ich würde die Pflanzen mit einem Backpulver, das in Wasser aufgelöst ist (1 Pkg. auf 1 l Wasser) besprühen. Wirkt besser.

Das richtige Gießwasser

Was ist besser: mit Wasser frisch aus der Wasserleitung oder mit abgestandenem Wasser gießen? Ist es richtig, dass abgestandenes Wasser weniger Kalk enthält?

Abgestandenes Wasser ist eindeutig besser, weil es nicht so kalt ist und die Zimmertemperatur angenommen hat. Etwas Kalk setzt sich ab; der meiste Kalk, aber auch andere (wertvolle) Mineralien bleiben im Wasser. Daher sollte man auch Balkon- und Kübelpflanzen nicht immer mit Regenwasser gießen, sondern ab und zu mit Leitungswasser.

Mein Tipp

Keine billige Erde!

Kaufen Sie nicht die billigste Erde. Sehr häufig wachsen darin die Pflanzen nur mäßig, weil nicht ganz einwandfreier Kompost für die Zusammensetzung verwendet wurde oder die Erde durch lange Lagerung bereits geschädigt ist. Achten Sie darauf, nur Erdsäcke zu kaufen, die im Geschäft nicht im Regen liegen. Feuchtigkeit führt zu Nährstoffabbau und Fäulnis. Pralle Sonne kann dagegen das Substrat austrocknen – trotz der Säcke.

Geldbaum mag es trocken

Der Geldbaum, den ich von meiner Mutter geschenkt bekommen habe, lässt mehrere Blätter fallen. Welche Ansprüche hat diese Pflanze? Gieße ich zu wenig?

Einige der älteren Blätter fallen beim Geldbaum immer wieder ab. Verliert er saftige grüne Blätter, haben Sie zu viel gegossen. Zu wenig kann man den Geldbaum kaum gießen. Damit er übrigens zu blühen beginnt, muss er ab November ganz trocken gehalten werden und sehr kühl stehen (ca. 10 bis 15 Grad).

Wenig Licht – kein Problem

Ich suche eine Pflanze, die mit möglichst wenig Licht auskommt und etwa 5 m weit weg vom Fenster steht. Welche können Sie mir empfehlen? Ist es richtig, dass die Schusterpalme optimal wäre?

Die Schusterpalme ist eine uralte und besonders robuste Pflanze. Sehr gut wächst an einem solchen Standort aber auch die Zamioculcas. Sie ist extrem robust und verzeiht viele Pflegefehler. Wenig gießen!

Knochenmehl nicht selbst herstellen

Knochenmehl soll gut als Dünger für Zimmerpflanzen sein. Kann ich dieses selbst aus Knochen herstellen oder ist das ungeeignet?

Nein, den können Sie nicht selbst herstellen. Die Knochen müssen aus hygienischen Gründen hoch erhitzt werden. Verwenden Sie nur Knochenmehl, das im Handel erhältlich ist.

Schimmel auf der Erde

Meine Zimmerpflanzen bekommen auf der Erde einen grau-weißen Schimmelbelag. Wieso?

Willkommen im Klub der Vielgießer! Die Erde muss immer abtrocknen. Der weiße Belag kann Schimmel sein, meist sind es aber Kalkausblühungen. Oberfläche abkratzen und frische Erde ausbringen.

BIO-TIPP

Beim Einräumen auf Schädlinge achten!

Wenn die ersten Zimmerpflanzen wieder ins Haus wandern, sollten Sie besonders aufmerksam die Blätter auf Schädlinge kontrollieren. Eine Dusche mit Schmierseifenwasser (1 El auf 1 l Wasser) beseitigt einen Großteil. Danach die Blätter mit einem Rapsölpräparat einsprühen. Man kann es nicht selbst mischen, sondern muss es kaufen, weil sich das Öl beim Selbstgemisch nicht genügend verteilt. Das Öl legt sich über die Atemöffnungen der Schädlinge und vernichtet sie so. Außerdem macht das Öl die Blätter glänzend und vernichtet eventuell zurückgebliebene Schädlinge. Sind garantiert keine Schild- oder Wollläuse vorhanden, kann man auch mit verdünnter Milch oder mit Bierresten die Blätter reinigen und glänzend machen.

Zimmerhafer ist anspruchslos und leider viel zu selten. Er lässt sich leicht selbst vermehren und weiterschenken.

Vollherbst

Die Rosskastanien sind reif – der Vollherbst ist ins Land gezogen. Wer nun noch einmal in die Hände spuckt, kann viel fürs nächste Gartenjahr vorbereiten. Blumenzwiebelpflanzzeit! Dann wird der Frühling im kommenden Jahr eine Pracht. Die Witterung bringt kühle Nächte, den einen oder anderen Regenschauer und viel Tau am Morgen. Alles geht ein wenig langsamer. Noch sind nur vereinzelt die Blätter gefärbt, aber das Mehr an Feuchtigkeit lässt im Ziergarten die Rasenflächen wieder saftig grün werden und die mehrmals blühenden Rosen schmücken sich mit Blüten, als ob es kein Morgen gäbe. Der Vollherbst ist eine phänologische Jahreszeit des Abschieds, aber gleichzeitig auch der Vorfreude auf einen Neubeginn. Also keine Wehmut, sondern Aufbruchstimmung!

Was ist jetzt zu tun?

Vollherbst

Rosskastanie

Rotbuche

Quitte

Wilder Wein

Walnuss

Stiel-Eiche

So erkennen Sie den Vollherbst:

Rosskastanie (*Aesculus hippocastanum*)
Die Fruchtreife beginnt am Anfang des Vollherbstes.

Walnuss (*Juglans regia*)
Zu Beginn der Jahreszeit reifen die Früchte.

Rotbuche (*Fagus sylvatica*)
Die Laubverfärbung setzt mit Beginn der Jahreszeit ein.

Herbst-Aster (*Aster*)
Am Beginn des Vollherbstes setzt die Blütezeit ein.

Rosskastanie (*Aesculus hippocastanum*)
Die Laubverfärbung markiert das Ende des Vollherbstes.

Wilder Wein (*Parthenocissus*)
Die Laubverfärbung beginnt am Ende des Vollherbstes.

Ziergarten

› Dahlien, Canna und Knollenbegonien werden nun ausgegraben und in Sand oder Sägespänen trocken gelagert. Niemals in der Sonne trocknen lassen. Die dicken Wurzeln und Knollen bekommen Sonnenbrand.

› Mit der Laubverfärbung der Bäume beginnt die Pflanzzeit für Rosen.

› Gartenteiche säubern. Schilfstängel zur Belüftung stehen lassen.

Nutzgarten

› Kompost verteilen ist angesagt. Das „schwarze Gold“ des Biogärtners kommt nun in einer dünnen Schicht zu den Himbeeren, Brombeeren, Ribiseln und auf die Baumscheiben.

› Späte, frostempfindliche Salate mit einer Folie schützen.

Balkon & Terrasse

› Nur die ganz robusten Kübelpflanzen (wie Oleander, Lorbeer, Olive) bleiben noch draußen. Sie sollen in den kühlen Herbsttagen allmählich zur Wachstumsruhe kommen und erst dann ins Winterquartier geräumt werden.

› Empfindliche Kübelpflanzen sind längst im Winterquartier. Bitte auf Schädlinge kontrollieren. Blattläuse und Weiße Fliegen breiten sich oft explosionsartig aus. Schmierseifenwasser oder Biospritzmittel anwenden.

› Alle Zitrusbäumchen nun zum Haus stellen, damit bei Regen die Erde nicht zu nass wird. Staunässe verursacht den Blattfall von grünen Blättern, vor allem dann im Winterquartier.

› Pflanzen Sie Blumenzwiebeln jetzt auch in Töpfe und Schalen, die im Freien stehen bleiben.

Zimmerpflanzen

› Orchideen dürfen nun wieder ans Südfenster. Bei allen Zimmerpflanzen ist wieder Licht gefragt.

› Regelmäßig gießen – oft mehr als im Sommer, denn die Zentralheizung trocknet die Erde rasch aus.

› Blätter (nur unbehaarte) mit verdünnter Milch oder Bierresten abwischen. Glänzende Blätter können mehr Licht aufnehmen und sehen schöner aus.

Herbst-Aster

Fragen zum **Vollherbst**

Ziergarten

Maulwurf vertreiben

Mein Garten ist voller Maulwurfshügel. Wie kann ich ihn vertreiben?

In manchen Jahren ist der Maulwurf im ganzen Land „hyperaktiv“. Dennoch: Er steht in mehreren Gebieten unter Naturschutz und ist ein großer Schädlingsvernichter. Vertreiben können Sie ihn mit allen erdenklichen Geruchsstoffen. Zum Beispiel mit einem auf Rizinus basierenden „Wühlmausgas“, das die Tiere für eine gewisse Zeit vertreibt.

Trockenschäden nach dem Frost

Immer wieder passiert es, dass mein Efeu, der die Terrassenmauer überzieht, im Frühjahr komplett braune Blätter hat. Ist das eine Krankheit oder fehlt ihm etwas? Es passiert aber nicht jedes Jahr.

Wenn er kräftig und gesund wächst und nur nach dem Winter die Probleme hat, dann fehlt ihm eigentlich gar nichts. Er dürfte durch den Frost Trockenschäden erleiden. Das passiert immer dann, wenn die Erde komplett durchfriert und der Efeu kein Wasser mehr aufnehmen kann. Mein Tipp: Viel Laub im Herbst zum Efeu auf die Erde geben und – falls möglich – die Blätter mit Nadelholzreisig vor der Wintersonne schützen.

Anspruchslose Rosen ohne Schnittbedarf

Ich habe diesen Sommer ein kleines Staudenbeet aufgelassen und möchte darauf Rosen pflanzen – evtl. in Kombination mit Stauden. Doch möchte ich die Rosen nicht permanent schneiden und putzen müssen. Gibt es Sorten, die sich selbst überlassen werden können?

Zunächst ist eine gute Bodenvorbereitung wichtig. Tiefgründig lockern und Kompost und organische Dünger in die oberste Erdschicht einarbeiten. Bei den Rosen empfehle ich entweder Bodendeckerrosen – die müssen überhaupt nicht geschnitten werden – z. B. 'Heidetraum', 'The Fairy' oder die 'Karl-Ploberger-Bodendeckerrose'. Oder Sie wählen bei mehr Platz Wildrosen. Hier sind die Hagebutten im Herbst eine zweite „Blüte". Wichtig: Nicht zu eng pflanzen, sonst gibt's stickige Luft und Pilzkrankheiten.

Wildgehölze für gefiederte Freunde

Sie haben einmal Sträucher vorgestellt, die für Vögel zum Brüten und als Futterquelle geeignet sind. Welche kann ich pflanzen?

Im Prinzip alle Wildgehölze, wie Sanddorn, Eberesche, Traubenkirsche oder auch Haselnüsse. Aufpassen auf den Platz, der zur Verfügung steht – manche der Gehölze werden sehr groß, lassen sich aber immer stark zurückschneiden.

Giftpflanzen für den Kompost?

In meinem Garten wächst sehr viel Efeu, der leider zu den Giftpflanzen zählt. Kann ich diesen getrost kompostieren oder soll ich ihn anders entsorgen?

Generell gilt: Nach dem Kompostieren sind alle giftigen Pflanzenteile zu Humus geworden und völlig unbedenklich. Generell geht vom Efeu wenig Gefahr aus. Einzig gefährlich ist, wenn er blüht und Beeren trägt. Die sind manchmal für Kinder verlockend und ebenfalls giftig.

BIO-TIPP

Blumenzwiebeln pflanzen

Große Mengen an kleinen „wilden" Blumenzwiebeln wie Schneeglöckchen, Winterling, Blausternchen oder Traubenhyazinthe, pflanzt man am besten unter eine Blüten- oder Wildsträucherhecke. Am einfachsten geht das so: Eventuell vorhandenes Mulchmaterial zur Seite rechen, dann die Blumenzwiebeln bunt gemischt, aber in Gruppen auf die Erde aufstreuen. Man muss die Zwiebeln nicht nach oben ausrichten. Nun kommt gut abgelagerter Kompost in einer etwa 5- bis 10-cm-Schicht darauf. Die ganze Fläche wird mit Mulch und Laubhäcksel abgedeckt. Im Frühjahr wird ein herrliches blühendes Blumenbeet entstanden sein, das nun Jahr für Jahr dichter wird. Nicht vergessen: Im zeitigen Frühjahr, wenn die Zwiebeln gerade austreiben, die Pflanzen organisch düngen – für die Blüte im darauffolgenden Jahr.

Teichtiere kommen eigenständig

Kann ich Tiere für die Besiedelung meines Teiches kaufen?

Nein, das sollten Sie nicht. Viele Tiere, wie Libellen, finden sich schon nach mehreren Tagen am neu entstandenen Wasser ein. Die nützlichen Wasserschnecken werden meist mit den Wasserpflanzen eingeschleppt, und Frösche warten nur darauf, die neue „Eigentumswohnung" zu beziehen. Goldfische sollten nicht in den Gartenteich eingesetzt werden. Sie fressen nicht nur Froschlaich, sondern verursachen durch ihre Ausscheidungen meist starkes Algenwachstum.

Chance für Teichtiere

Warum soll ich das Räumgut neben dem Teich liegen lassen?

Viele Tiere werden beim Abfischen der Pflanzen mit an Land gebracht und verenden im Kompost oder in der Biotonne. Lassen Sie das Räumgut einige Tage neben dem Teich liegen, bevor Sie es kompostieren, dann sind die Überlebenschancen für Libellenlarven und andere kleine Tierchen deutlich höher.

Sitzplatz unterm Walnussbaum

Unter unserem Walnussbaum wächst nichts! Haben Sie einen Ratschlag, welche Pflanzen sich mit dem Baum vertragen?

Unter Walnussbäumen sind Sitzplätze ideal: Der Geruch eines ätherischen Öls in Blättern und Fruchtschalen vertreibt Fliegen, Flöhe, Läuse, Motten, Mücken, Wanzen und andere Insekten – und das Blätterdach hält Regen sehr lange ab. Ältere Blätter, Walnussschalen und Wurzeln geben an den Boden einen Stoff ab, der durch Mikroorganismen in einen starken Gerbstoff umgewandelt wird. So wachsen unter Nussbäumen meist nur Buschwindröschen, Brombeeren und Gräser.

Kurzer Rasenschnitt

Wird der Rasen schöner, wenn er kurz gemäht wird?

Genau das Gegenteil ist der Fall! Wird zu kurz gemäht, gewinnt das Unkraut die Oberhand. 3 bis 4 cm hoch (etwa Stufe 3 beim Rasenmäher) sollte der Rasen allwöchentlich gemäht werden. Damit sind die zarten Graspflänzchen in der Lage, aufkeimendes Unkraut zu unterdrücken.

Jetzt Gehölze pflanzen

Mein Tipp

So ungern manche im Herbst noch in die Gartenschuhe schlüpfen und sich die schmutzige Jeans anziehen, so perfekt sind diese Herbstwochen zum Pflanzen. Nicht nur, dass alle Laubgehölze nun in einer Ruhephase sind, die „wurzelnackte" Pflanze ist viel preiswerter in der Anschaffung. Für Hainbuche, Rosen und auch alle Blütengehölze lohnt es sich jetzt noch einmal, in die Hände zu spucken.

Nutzgarten

Ameisen im Hochbeet

In meinem Hochbeet, das ich im vergangenen Frühjahr angelegt habe, fühlen sich die Ameisen besonders wohl. Was kann ich dagegen tun, ohne auf Ameisengift zurückgreifen zu müssen?

Auf Ameisenstraßen einen Tontopf stellen! Die Tierchen bauen dann darin gern ein Nest, das mit einer Schaufel abgesiedelt werden kann. Zimtpulver aufstreuen oder Orangenschalen in Wasser ansetzen, vergären lassen und dann unverdünnt in den Bau gießen. Die Ameisen sind nach wenigen Tagen verschwunden. Auf keinen Fall Backpulver verwenden!

Knoblauch nicht zu viel düngen

Dank der Düngung mit Kompost und Brennnesseljauche war die Knoblauchernte heuer sehr ertragreich. Leider musste ich bei sehr vielen Knoblauchzehen feststellen, dass sie ein glasiges und gelbliches Aussehen haben. Was ist das?

Hier handelt es sich um eine Pilzkrankheit, die vermutlich durch eine Überversorgung mit Stickstoff entstanden ist. Geben Sie nur im Frühjahr Kompost zu den Pflanzen und mulchen Sie mit Rasenschnitt. Das sollte ausreichen.

Schwarze Nüsse

Mein Nussbaum hat sehr viele schrumpelige schwarzschalige Früchte, deren Kern ungenießbar ist. Welche Krankheit hat er?

Diese Pilzkrankheit, von der Blätter und Früchte befallen sind, hat sich in den vergangenen Jahren extrem ausgebreitet. Entsorgen Sie alle befallenen Teile rigoros (Restmüll oder Grünschnittdeponie) und stärken Sie den Baum mit Kompost und organischem Dünger. Es hilft nur die Vorbeugung.

BIO-TIPP

Lassen Sie den Garten in Ruhe!

Wenn Sie jetzt den Garten nicht abräumen, sparen Sie gleich doppelt Arbeit: Zum 2. Mal nämlich im nächsten Gartenjahr, weil Ihnen zahlreiche Nützlinge etliche Pflanzenschutzmaßnahmen abnehmen. Voraussetzung dafür ist eben, dass die Nutzinsekten gut überwintern konnten – und das geht nur im „naturbelassenen" Garten. Auch der Boden dankt es Ihnen, wenn er über den Winter eine schützende Decke aus Pflanzenresten behalten darf – von den vielen nützlichen Bodenlebewesen ganz zu schweigen.
Übrigens: Reinigen dürfen Sie im Gegenzug jetzt die Nistkästen für Vögel, die Sie im Garten aufgehängt haben. Gleich wieder aufgehängt kann sie manch ein gefiederter Gartenfreund als Winterbehausung nutzen.

Knoblauch verträgt nicht zu viel Stickstoff. Kompostgaben und eine Mulchschicht aus Rasenschnitt reichen zur Nährstoffversorgung aus.

Gründüngungspflanzen schützen den Boden

Wie lange sollten Gründüngungspflanzen ausgesät werden? Sind die wirklich so gut?

Ja, die sind wirklich enorm wichtig. Stellen Sie sich vor, wie viel Humus durch Wind und Regen verblasen bzw. abgeschwemmt wird. Das verhindern Gelbsenf, Bienenfreund oder auch die ganz normale Gartenkresse. Und noch ein Vorteil: Die vielen Wurzeln lockern den Boden. So machen Sie es richtig: abgeerntete Beete lockern, Kompost aufstreuen und dann aussäen. Gründüngung abfrieren lassen und im Frühjahr nur das „Vlies“ aus den Pflanzenresten, das zurückbleibt, aufreißen und im Loch bepflanzen.

Walnusslaub nicht fürs Hochbeet

Ich möchte ein Hochbeet anlegen. Kann ich Walnusslaub verwenden?

Nein, das ist das einzige Laub, das Sie hier nicht verwenden sollten – außer Sie pflanzen Schwarz- bzw. Heidelbeeren. Und auch da sollte das Laub zuerst einige Jahre auf einem Extrakompost verrotten. Generell kann aber Laub als Füllmaterial für Hochbeete verwendet werden.

Pflaumenbaum ohne Früchte

Ich habe vor 12 Jahren einen Pflaumenbaum gepflanzt. Bis jetzt hat er noch keine einzige Frucht hervorgebracht, obwohl die Blüte immer normal abläuft. Warum?

Hier fehlt der Befruchtungspartner. Mein Tipp: Zur Blütezeit blühende Zweige von anderen Zwetschkenbäumen (oder auch Schlehen) in einer Vase in den Baum hängen. Vielleicht klappt es dann. Evtl. sollten Sie Fremdsorten auf den Baum veredeln.

Tafeltrauben für die Hausmauer

Ich möchte an meiner Hausmauer gern Tafeltrauben anpflanzen. Wann ist da die beste Pflanzzeit und wie muss geschnitten werden? Und sind die Spalierreben besser als die Stockreben?

Generell ist es egal, ob die Tafeltrauben von einem Stock oder von einer Spalierrebe stammen, da die Qualität gleich ist. Wenn die Spalierrebe an einer Hauswand steht, werden sie sogar süßer, weil es dort wärmer ist. Gepflanzt wird am besten im Frühjahr bis Ende April, wobei sich der Rebkopf knapp über der Erde befinden soll. Danach wird mit Erde angehäufelt.

Mein Tipp

Andenbeere jetzt vermehren

Die Andenbeere (*Physalis peruviana*) gilt als Naschfrucht, die ohne viel Pflege auskommt. Allerdings dauert es bis zur Ernte manchmal sehr lange. Daher jetzt Stecklinge (in sandige Erde stecken und im Zimmer überwintern) aus jenen Pflanzenteilen machen, die schon Früchte tragen. Damit bekommt die Pflanze das „Erbe“ der frühen Ernte mit ins kommende Gartenjahr.

Für den Hausgarten gibt es mehrere Rebensorten, die gegen Pilzkrankheiten robust sind und ohne Pflanzenschutz auskommen.

Gesetzt wird auf eine Entfernung von 1 m, wobei der Boden für die Pflanzung 80 cm in der Breite und 2 Spaten tief gelockert und mit Kompost aufgebessert werden sollte. Geschnitten werden die Reben in der zweiten Februarhälfte. Wird zu spät geschnitten, rinnt der Pflanzensaft aus. Der Schnitt erfolgt immer so, dass die Schnittfläche vom Auge abgekehrt ist, damit der Saft nicht über das Auge rinnt. Frisch gepflanzte Reben werden auf ein Auge geschnitten, im 2. Jahr wird wieder auf ein Auge geschnitten und ab dann werden Spalierreben auf 6 bis 8 Augen geschnitten, die restlichen Triebe schneiden Sie ganz weg. Es gibt auch Rebsorten, die nicht gespritzt werden müssen. Diese Hausgartenreben oder Direktträgerreben (Kreuzung *Vitis vinifera* x *Vitis labrusca*) vereinen die positiven Eigenschaften der beiden Elternteile in sich: Sie sind gegen pilzliche Krankheiten robust und kommen ohne Pflanzenschutz aus. Auch geschmacklich sind sie hervorragend. Geeignete Sorten sind z. B. 'Bianca', 'Birstaler Muscat', 'Goldperle', 'Kalina rot', 'Muscat bleu', 'Nero' oder 'Regent'.

Faule Weintrauben

Meine Weintrauben-Blätter sind abgestorben und die Früchte sind teilweise faul. Soll ich mulchen? Wenn ja, welches Spritzmittel soll ich verwenden?

Mulchen ist das Um und Auf, allerdings hängt die Gesundheit der Pflanzen vor allem von den Sorten und dem Standort ab. 'Bianca' ist eine besonders gesunde weiße Traube, 'Regent', eine robuste blaue Traube. Wein benötigt volle Sonne.

Balkon & Terrasse

Wandelröschen richtig überwintern

Wie überwintert man ein Wandelröschen, das derzeit weit verzweigt voller Blüten und Knospen ist?

Kühl, hell und nicht zu viel gießen. Ab Februar in einen hellen Wintergarten und dann erst zurückschneiden. Blüht leider sehr spät.

Immergrüner Sichtschutz

Gibt es eine wintergrüne Hecke für die Terrasse? Wir hätten gern einen Sichtschutz, weil ein großes Wohnzimmerfester direkt zum Nachbarn gerichtet ist.

Je größer die Pflanztröge, desto weniger problematisch. Alle Immergrünen (Kirschlorbeer, Eibe, Thuje, Liguster, Bambus ...) benötigen auch im Winter Wasser. Ist der Erdballen gefroren, dann gehen die Pflanzen nicht durch die Minusgrade kaputt, sondern sie vertrocknen. Wenn das Laub im Frühjahr nicht stört, dann würde ich die Hainbuche nehmen. Sie behält das trockene Laub im Winter und wirft es im Frühjahr ab. Sie ist absolut robust und kann durch Schnitt kompakt gehalten werden.

Sorgenkind Rosmarin

**Mein Sorgenkind ist Jahr für Jahr der Rosmarin. Als neu gekaufte Pflanze (meist eine sehr große!) wächst sie wunderbar und sieht im Herbst prächtig aus. Dann kommt sie ab Ende Oktober ins Stiegenhaus und wird dort bei etwa 10 °C an einem großen Fenster überwintert. Bis Februar sieht sie noch gut aus, doch wenige Wochen später vertrocknet sie komplett.
Was soll ich anders machen?**

Zunächst einmal geht es Ihnen so wie Tausenden Rosmarinfreunden. Der Hauptgrund dafür ist das „falsche“ Substrat. Meist handelt es sich um Torf (der beim Transport leicht ist) und der den Sommer über auch kein Problem darstellt. Im Winter aber ist er entweder zu nass oder er ist staubtrocken. Daher sofort nach dem Kauf (und niemals im Herbst) umtopfen: 1/3 lehmige Erde, 1/3 Quarzsand, 1/3 Splitt. Da wird sich der Rosmarin bei den genannten Temperaturen auch im Winter wohlfühlen.
Wurzeln im Herbst und Winter völlig in Ruhe lassen, Beschädigungen zu dieser Zeit führen rasch zu Pilzerkrankungen.

Kräuter draußen lassen

Wie sieht es mit den Kräutern im Kisterl aus? Kann man Schnittlauch und Petersilie draußen lassen? Rosmarin räume ich immer rein – der geht leider fast immer ein!

Die Küchenkräuter können Sie ohne Probleme im Freien lassen. Wenn der Winter so richtig zuschlägt, sollten die Kisterln zur Hauswand gestellt und mit Vlies abgedeckt werden. Ist es einige Tage frostfrei, immer ein wenig gießen. Beim Rosmarin ist die wichtigste Maßnahme für dieses Jahr zu spät: umtopfen in karge, durchlässige Erde.

Garten-irrtümer

Gemüse, mit Balkonblumendünger gedüngt, darf man nicht essen. FALSCH!

Eine oft gestellte Frage: Ich hab die Tomaten irrtümlich mit dem Blumendünger der Balkonblumen gegossen – darf ich sie noch essen? Ganz bestimmt! Freilich sollte der Biogärtner auf organische Dünger setzen, doch einmal mineralisch gedüngt bedeutet kein Problem.

Aus dem Schopf der Ananas lässt sich eine neue Pflanze heranziehen.

Zimmerpflanzen

Pflanzen ohne grünen Daumen

Gibt es eine Pflanze, die Sie mir für meine Tochter empfehlen können, die ganz und gar nicht den grünen Daumen von mir geerbt hat?

Wenn Ihre Tochter „gern" aufs Gießen vergisst, dann ist die Aloe ideal, ebenso die *Zamioculcas*. Robust und schön blühend wird sie sich über die Flamingoblume freuen (verträgt einmal trocken, einmal feucht – nur kein Dauerbad), und besonders feuchtigkeitsresistent und dennoch blühfreudig ist das Einblatt.

Alpenveilchen als Energiesparpflanze

Bei mir überleben die Alpenveilchen nur einige wenige Tage – ich hab einmal gelesen, dass Sie diese Pflanzen so schätzen. Was machen Sie?

Cyclamen persicum, wie die Zimmer-Alpenveilchen botanisch heißen, benötigen einen Platz mit möglichst niedrigen Temperaturen. Sie sind die idealen „Energiesparpflanzen". Stehen sie im kühlen Wintergarten oder Schlafzimmer (Temperatur zwischen 12 und 15 Grad), dann blühen sie bis zum Frühjahr. Wöchentlich düngen, niemals Staunässe. Die Mini-Cyclamen sind ein wenig robuster und vertragen auch Temperaturen bis zu 20 Grad. Doch auch hier gilt: Je heller, desto schöner ist der Wuchs.

Orchideen mit Kartoffelwasser gießen

Muss ich meine Zimmerpflanzen eigentlich im Herbst noch düngen?

Ja, solange sie wachsen – und das tun sie im warmen Zimmer –, müssen sie gedüngt werden. Aber deutlich weniger häufig als im Frühjahr und Sommer. Es reicht, wenn Sie den Grünpflanzen alle 2 Wochen eine halbe Dosierung geben. Blühpflanzen wöchentlich. Orchideen dünge ich im Winter überhaupt nicht, gieße allerdings mit dem abgekühlten und 1 : 3 verdünnten (und ausgekühlten) Kochwasser der Kartoffeln (nicht gesalzen!).

Weihnachtsstern zum Blühen bringen

Wie beginnt mein Weihnachtsstern wieder zu blühen? Ich habe die Pflanze am Balkon übersommert, mehrmals geschnitten und jetzt eine schöne Grünpflanze!

Stellen Sie die Pflanze in einen Raum, in dem sich ein großes Fenster befindet, aber kein künstliches Licht in den Nachtstunden vorhanden ist. Auch keine Straßenlaterne. Nach 6 Wochen beginnt die Pflanze Blüten anzusetzen und wird dann langsam die Hochblätter färben. Nicht zu kühl aufstellen!

Zimmerpflanzen, die volle Sonne lieben

Welche Zimmerpflanzen außer Kakteen sind für das sonnige Südfenster geeignet, ohne dass sie an der Hitze leiden?

Da gibt es eine ganze Reihe von Sukkulenten, die die große Hitze aushalten. Aloen sind an solchen Standorten ebenso geeignet wie z. B. die Fetthenne, die *Haworthia* oder der Korallenkaktus. Bei allen gilt: Nicht zu viel gießen!

Ananas selbst gezogen

Kann ich von der Ananas, die ich im Supermarkt gekauft habe, den oberen Schopf abschneiden und daraus eine Pflanze kultivieren?

Das geht sogar relativ leicht: Schopf herausdrehen, die untersten Blätter entfernen und alles Fruchtfleisch abschneiden. Der Blattschopf sollte innen kleine junge Blätter aufweisen und niemals zu kalt (Winter – Frost!) gelagert worden sein. In sandige Erde stecken und einen großen Plastiksack darüberstülpen. Nach 6 bis 8 Wochen müssten sich die ersten Wurzeln zeigen, nach 3 Jahren gibt's bei sonnigem Platz wieder eine Frucht.

Azaleenzeit beginnt

Mein Tipp

Kaum eine andere Zimmerpflanze ist so langlebig wie die Azalee! Kauft man jetzt knospige Topf-Azaleen, dann kann man sie wochenlang als Zierde vor die Haustür stellen. Kommt dann der Frost, stellt man sie in einen ungeheizten Raum, dort blüht die Azalee noch viele Wochen weiter. Stellt man sie im Frühjahr nach den Eisheiligen in den Garten an einen halbschattigen Platz, wird sie im Herbst wieder zu blühen beginnen.

Spätherbst

Das große Finale in Garten und Natur ist angesagt. Man könnte es auch die größte Recyclingaktion nennen, denn die Bäume und Sträucher holen nun alle verfügbaren Nährstoffe aus den Blättern und speichern sie in Rinde und Wurzeln. Zurück bleibt ein buntes Feuerwerk an Farben. Im phänologischen Kalender ist es der Laubfall der Rosskastanie und das Färben der Lärchennadeln. Die Witterung Anfang November ist oft nass, trüb und neblig. Doch kaum kommt die Sonne, hüllt sich der Garten noch einmal in kräftige orange-rote Farbtöne. Ein letzter Kaffee auf der Terrasse, ehe auch die letzte Sitzgarnitur weggeräumt wird. Die Spätherbsttage sind der Treibstoff für den Traumtank, mit dem man lange kalte Wintertage übersteht.

Was ist jetzt zu tun?

Spätherbst

Sommerlinde

Esche

Rosskastanie

Lärche

So erkennen Sie den Spätherbst:

Esche (*Fraxinus excelsior*)
Die Laubverfärbung markiert den Anfang des Spätherbstes.

Lärche (*Larix decidua*)
Färbung und Nadelfall zeigen den Beginn an.

Rosskastanie (*Aesculus hippocastanum*)
Der Laubfall setzte am Anfang des Spätherbstes ein.

Sommerlinde (*Tilia platyphyllos*)
Mit dem Laubfall endet der Jahresabschnitt.

Ziergarten

- Jetzt das letzte Laub vom Rasen wegrechen und auf die Beete streuen – der beste Mulch, den es gibt. Laub auf keinen Fall auf dem Rasen liegen lassen, da es zu Krankheiten kommen kann.
- Kontrollieren Sie, ob die Pumpen ausgebaut oder frostsicher sind, Wasserleitungen abgedreht und Schläuche entleert wurden.
- Noch ist Pflanzzeit für Bäume, Sträucher und robuste Stauden. Frisch gepflanzte Gewächse am Boden mit einer Mulchschicht abdecken.
- Robuste Sommerblumen können bereits direkt ins Freiland für das nächste Jahr ausgesät werden.
- Im Gartenteich werden im Spätherbst Eisfreihalter und Oxydator eingebracht. Bleiben Fische im Teich, darf das Wasser nicht total zufrieren.
  Hilfreich sind beispielsweise Styroporhauben.

Nutzgarten

- Hügelbeete werden jetzt angelegt. Beete für den Winter vorbereiten: bei schwerem Boden umgraben, sonst nur lockern und mulchen.
- Chicoréewurzeln werden jetzt ausgegraben und zum Treiben eingelagert.
- Kontrollieren Sie Etiketten sowie Schnüre und Drähte an den Bäumen, damit sie nicht in die Rinde einwachsen.
- Die Rinde der Obstbäume kann jetzt abgebürstet und mit einem Schutzanstrich gegen Frostrisse versehen werden.
- Gartengeräte und Werkzeuge gründlich reinigen und einwintern.

Balkon & Terrasse

- Düngen sollte man jetzt wenig – alle 2 Wochen reicht bei den Topfpflanzen jetzt aus. Alle Kübelpflanzen (Zitrus, Palmen & Co.) werden im Winterquartier ganz wenig gegossen und keinesfalls gedüngt. Stehen die Orangenbäumchen aber in einem temperierten Gewächshaus oder Wintergarten (maximal 15 Grad), dann muss man auch dort düngen.

Zimmerpflanzen

- Zimmerpflanzen immer wieder vom Staub reinigen, dann glänzen die Blätter nicht nur schön, sondern die Pflanzen können auch mehr Licht aufnehmen. Ist die Luft sehr trocken, dann von Zeit zu Zeit mit Wasser übersprühen.

Laubverfärbung

Fragen zum **Spätherbst**

Trotz der äußeren Ähnlichkeiten mit den Mäusen hat die Spitzmaus nichts mit Mäusen zu tun, sondern ist ein insektenfressender Nützling.

Ziergarten

Erdenrecycling

Kann ich meine Balkonblumenerde aus Kübeln und Kästen im nächsten Jahr noch einmal verwenden, damit ich mir den mühseligen Transport spare?

Die Erde ist nicht „giftig", aber sie ist ausgelaugt und meist mit Düngersalzen im Übermaß angereichert. Daher: Keinesfalls für die Kisterln noch einmal verwenden. Die Erde können Sie aber für den Garten verwenden. Einfach in Blumen- oder Gemüsebeete einarbeiten oder auf den Komposthaufen geben.

Pflanzzeit für Rosen

Ich möchte noch in diesem Jahr Rosen pflanzen und halte mich an die ursprüngliche Pflanzzeit: Herbst. Ab wann kann ich setzen?

Sobald der Laubfall beinahe abgeschlossen ist, werden die sogenannten wurzelnackten Rosen angeboten – meist nur noch von Versandgärtnereien.
Der große Vorteil: geringe Transportkosten, große Auswahl im Herbst und kräftiges Wachstum im kommenden Jahr, weil die Pflanzen noch heuer Wurzeln bilden. Wichtig: Rosen mögen lehmige Böden, Kompost und etwas Sand. Niemals Torf!
Rosen, die jedoch im Container bzw. Topf wachsen, können Sie auch schon im Frühherbst pflanzen.

Nützlingsmauer

Ich überlege, eine Trockenmauer anzulegen, weil dadurch „Nützlinge" gefördert werden sollen. Welche Nützlinge sind das, die ich mit einer solchen Mauer einladen kann?

Je nach Lage (Sonne oder Schatten) und verwendetem Steinmaterial (Kalk, Granit, Sandstein oder auch Holzteile) werden sich nach und nach Nützlinge wie Kröten, Molche, Spitzmäuse, Laufkäfer, Hummeln und Wildbienen einnisten. Eine bessere Schädlingsbekämpfungstruppe werden Sie nicht finden.

Rosenstöcke übersiedeln

Kann ich meine Rosenstöcke an einen anderen Ort versetzen? Wann wäre die beste Zeit dafür und wie viel schneide ich zurück?

Ja, können Sie, allerdings ist das Anwachsen bei einem Rosenstock, der schon 3, 4 Jahre an einem Platz stand, nicht sehr gut. Ganz wichtig: radikaler Rückschnitt, verletzte Wurzeln anschneiden und gut anhäufeln. Der bester Zeitpunkt ist jetzt nach dem Laubfall.

Duftender Lebkuchenbaum

Auf einem Ihrer Vorträge haben wir vom Lebkuchenbaum gehört. Kann man diesen als Samen erwerben oder größer von einer Baumschule oder Gärtnerei?

Gerade in diesen Tagen verströmt der Lebkuchenbaum seinen Duft. Man kauft am besten einen Baum in der Baumschule. Aus Samen zu ziehen lohnt sich nicht.

Wühlmausresistente Zwiebelblumen

Welche Zwiebelblumen werden von Wühlmäusen verschont?

Tulpen und Hyazinthen werden im Eilzugtempo verspeist. Anders bei Narzissen und Zierlauch, die rühren sie kaum an.

BIO-TIPP

Laub ist kein Abfall, sondern das Gold des Biogärtners

Laub, Laub, nichts als Laub – in den Parks und Gärten ist nun für viele der letzte Großputz im Garten angesagt. Zum Teil ist er auch nötig, zum Teil aber völlig überflüssig. Dass Rasen und Wege vom Laub befreit werden müssen, ist klar – entweder besteht große Rutschgefahr oder der Rasen verfault darunter. Die beste Methode, Laub zu entfernen, ist übrigens der Rasenmäher: Laub auf die Rasenfläche streuen und drübermähen. Im Grasfangsack hat man dann gehäckseltes Laub, das mit dem letzten Rasenschnitt vermischt ist. Damit mulcht man nicht nur unter Sträuchern, sondern deckt auch alle Staudenbeete ab. Auch im Gemüsegarten wird damit der Boden geschützt. Oft ist bis zum Frühjahr von der 3 bis 5 cm hohen Mulchdecke nichts mehr da.

Wenn im Spätherbst das Laub des Lebkuchenbaums welk wird und abfällt, verströmt es einen intensiven Geruch nach Lebkuchen.

Nutzgarten

Mist im Hochbeet

Wir sind gerade dabei, ein Hochbeet zu bauen. In einem Artikel erwähnten Sie, dass darunter zuvor der Rasen abgetragen werden muss. Warum? Es verrottet doch sowieso alles. Und alle sprechen von „Mist im Hochbeet". Wie wichtig ist der?

Das Abheben des Rasens ist kein Muss, aber die Soden eine perfekte Abdeckung des Gehölzschnitts, mit dem das Hochbeet zuerst befüllt wird. Mist würde ich nur gut verrottet einfüllen oder 30 cm mit Gartenerde abdecken, damit es zu keinen Verbrennungen kommt.

Schnittlauchblüten entfernen

Bei meinem Schnittlauch bilden sich immer wieder Blüten. Muss ich diese ausschneiden?

Weil die Blüten ohne Bedeutung sind, sollten Sie diese entfernen. Bei reichem Blütenansatz verringert sich sogar die Bildung von Vermehrungszwiebeln, weil die Pflanzen geschwächt werden. Die Blüten können Sie aber essen und zum Dekorieren verwenden.

Laubkomposterde ist die Nr. 1

Ich möchte dieses Jahr Lauberdekompost machen – wie geht das? Nimmt man da jedes Laub?

Lauberdekompost kann man mit jedem Laub machen. Extra kompostieren – am besten in sogenannten Gitterkompostern. Wer das Laub vorweg häckselt – zum Beispiel mit dem Rasenmäher – und zwischen den einzelnen 10 cm starken Laublagen Hornmehl streut, erhält schon nach einem Jahr hervorragende Erde. Extra sollte man Nuss- und Eichenlaub kompostieren, das dauert etwas länger (bis zu 3 Jahre). Dafür erhält man „saures" Substrat, das Sie als idealen Torfersatz verwenden können.

Wühlmaus am Holunderstrauch

Wir haben einen kränkelnden Holunderstrauch. Bis zum Sommer hat er vor Gesundheit gestrotzt. Jetzt werden die Blätter blass und rollen sich ein. Ungeziefer kann ich keines entdecken.

Ich vermute, dass die Wühlmaus nagt. An den Ästen des Holunders ziehen, ob er noch fest verwurzelt ist. Sonst mit hartem Wasserstrahl die Mausgänge zuspülen und den Strauch kräftig schneiden.

Mein Tipp

Rinde als Herbstattraktion

Es ist schon erstaunlich, wie unterschiedlich Baumrinden sind. Jetzt fällt das noch ein wenig mehr auf als sonst. Zum Beispiel beim Zimt-Ahorn (*Acer griseum*). Seine Rinde „schuppt" ab, wie die Zimtstangen. Interessant auch der Schlangenhaut-Ahorn (*Acer capillipes*) mit grün-weiß gestreifter Rinde oder jene der Mahagoni-Kirsche (*Prunus serrula*) mit ihrem bronzefarbigen Glanz.

Missernte durch Mehltau

Meine Stachelbeeren haben heuer fast keine Früchte getragen, und die, die vorhanden waren, sind vom Mehltau befallen. Wie kann ich nächstes Jahr einen Ernteausfall vermeiden?

Mehltau sorgt bei Stachelbeeren häufig für eine Missernte. Im Herbst sollte bei befallenen Sträuchern immer die Triebspitze entfernt werden, denn dort befinden sich die Pilzsporen. Schon vom Erstfrühling an muss die Stachelbeere dann noch mit Schachtelhalmtee gespritzt werden. Die Kieselsäure stärkt die Pflanzen.

Erbsenlöcher

Warum sind die Blätter meiner Erbsen durchlöchert?

Der Erbsenwickler ist der Täter – und so beugen Sie vor: Das Erbsenbeet gleich nach der Aussaat mit einem Insektenschutznetz abdecken. Das Netz darf dann nicht direkt auf den Blättern aufliegen und muss rundum am Boden gut abschließen. Es darf somit keinen Durchschlupf für die Tierchen geben. Und, ganz wichtig: alle befallenen Schoten vernichten.

Gurkenwelke

Was ist der Grund dafür, dass alle meine Gurkenpflanzen im Gewächshaus plötzlich verwelkt sind?

Bei der Gurkenkultur im Gewächshaus müssen Sie die Erde nach spätestens 2 Jahren komplett austauschen, weil sich sonst die Gurkenwelke ausbreitet. Dagegen gibt es weder chemische noch biologische Mittel, sondern nur eine Maßnahme: Einen neuen Standort wählen. Wer diese Probleme gar nicht erst bekommen möchte, nimmt auf den robusten und virusfesten Feigenblattkürbis veredelte Gurken. Wichtig beim Setzen der veredelten Gurkenpflanzen: Nicht zu tief setzen, damit die veredelte Sorte keine Wurzeln treibt und sich somit wieder die Gurkenwelke breitmachen kann.

Gurken nach spätestens 2 Jahren auf einen anderen Platz setzen bzw. das Substrat austauschen, um der Gurkenwelke vorzubeugen.

Balkon & Terrasse

Holz für Beete nicht behandeln

Mit welchen Holzschutzmitteln muss ich Lärchenholz – etwa für ein Hochbeet – behandeln?

Am besten gar nicht. Lärchenholz ist so langlebig, dass kein Holzschutz nötig ist. Chemische Schutzanstriche sind für solche Beete generell nicht zu empfehlen, weil sie das Wachstum behindern.

Blattfall beim Feigenbaum

Unser Feigenbaum hat im Sommer viele Früchte getragen, jetzt ist er aber scheinbar eingegangen. Was kann ich tun?

Der Baum ist sicher noch nicht eingegangen, nur wirft er im Spätherbst Blätter und auch die kleinen, noch unreifen Früchte ab. 2 Ernten sind bei uns aus klimatischen Gründen unmöglich. Sehr kühl (Garage) und relativ trocken überwintern. Im Vorfrühling wieder ins Freie.

Kübelpflanzen einräumen

Wie lange kann ich Kübelpflanzen im Freien noch stehen lassen? Bei manchen sehe ich Töpfe noch im November am Balkon.

Es hängt von der Pflanze ab. Generell kann aber gesagt werden, dass alle weichlaubigen Pflanzen (Fuchsien, Pelargonien, Engelstrompete) extrem frostempfindlich sind. Hanfpalme (die mit dem „wolligen“ Stamm), Oleander, Olive und Gewürzlorbeer halten dagegen leichte Nachtfröste (nicht Dauerfröste) bis zu –3 °C aus. Und noch robuster sind die Kamelien. Sie sollten bis in den November draußen bleiben. Temperaturen, die tageweise bis zu –5 °C aufweisen, sind kein Problem. Danach in kühle, helle Quartiere stellen.

Fuchsien draußen überwintern

Ich habe gehört, dass man Fuchsien auch im Freien überwintern kann. Ist das richtig?

Entlaubte Fuchsien können Sie stark zurückschneiden, aus den Töpfen nehmen und in einem Frühbeet unter einer dicken Schicht aus Laub, Erde und vor Nässe geschützt überwintern. Im April werden die Pflanzen dann neu gesetzt.

Trick bei Clematiswelke

Was ist passiert, wenn meine Clematis, die ich in einem großen Trog am Balkon stehen habe, verwelkt ist?

Die Clematiswelke hat zugeschlagen. Es gibt einen Trick, dieser Viruskrankheit, die im Boden schlummert, zu entkommen. Die Erreger wandern nämlich pfeilgerade von der Wurzel in die Triebe und bringen sie zum Absterben. Hat die Pflanze nur einen Trieb, ist die Pflanze kaputt. Pflanzen Sie daher den Wurzelballen ein Stück vom Spalier entfernt schräg ein und decken Sie die Triebe 30 bis 40 cm mit Erde ab. Dadurch bilden sich viele neue Triebe und ein kräftiges Wachstum beginnt. Stirbt ein Ast ab, gibt es noch ausreichenden Ersatz.

Garten-irrtümer

Zwiebeln umbiegen, dann werden sie reif. FALSCH!

Wenn Zwiebel so richtig im Wachsen ist, dann darf man die Röhren keinesfalls abknicken. Die Notreife lässt zwar das Laub einziehen, aber die Zwiebel ist nur kurz haltbar. Besser ist es, die Pflanzen bis zum natürlichen Vergilben der Blätter auf den Beeten zu belassen.

Das Korallenbäumchen ist eine sehr robuste Zimmerpflanze, die aber sehr kurzlebig ist.

Zimmerpflanzen

Schnittlauch als Zimmerpflanze?

Kann man Schnittlauch im Topf im Zimmer das ganze Jahr kultivieren oder muss ich immer neue Pflanzen im Supermarkt kaufen?

Jein. Für einige Wochen funktioniert es, aber relativ rasch verausgabt sich die Pflanze und geht ein. Besser ist es, den Schnittlauch jetzt einmal im Freien durchfrieren zu lassen, das regt das Wachstum an. Dann kann man ihn für einige Wochen als Vitaminspender verwenden.

Alpenveilchen mögen kühle Temperaturen

Meine Alpenveilchen sterben immer 2 Wochen nach dem Kauf, während sie bei meiner Mutter viele Wochen gedeihen. Was mache ich falsch? Ich pflege sie genau so, wie es mir meine Mutter geraten hat.

Es ist vermutlich eine Frage des Standorts. Cyclamen blühen monatelang, wenn dieser kühl und hell ist. Temperaturen über 18 °C werden schlecht vertragen. Daher sind zentralgeheizte Wohnungen für diese wunderbare Pflanze wenig geeignet. Im Vorzimmer, im Wintergarten, ja sogar vor der Haustür fühlt sich das Alpenveilchen wohl. Übrigens: Am besten immer im Untersetzer gießen, damit die nachwachsenden Blätter und Blüten nicht an Grauschimmel erkranken.

Kurzlebiges Korallenbäumchen

Ich habe im Frühsommer ein Korallenbäumchen gekauft, das plötzlich im Spätherbst eingegangen ist. Mir wurde gesagt, dass es anspruchslos ist. Kann es sein, dass es durchs Lüften und die kalten Temperaturen kaputtgegangen ist?

Korallenbäumchen sind extrem robust, gehören aber zu den eher kurzlebigen Pflanzen. Mir ist es zwar schon gelungen, diese Nachtschattengewächse 2 bis 3 Jahre zu kultivieren, dabei muss man aber die Ruhezeit ab dem Spätherbst beachten. Gießt man hier zu viel, kommt es zu Wurzelfäulnis und alle Früchte und Blätter fallen ab. Kühl, hell und beinahe trocken sollte daher die Winterzeit für das *Solanum*, wie es botanisch heißt, aussehen.

Asparagus im Winterquartier

Kann ich den Asparagus fürs Überwintern zurückschneiden, da ich zu wenig Platz dafür habe?

Ein Rückschnitt ist möglich, noch dazu, da die Pflanze dicke Speicherwurzeln hat. Generell gilt: Alle immergrünen Kübelpflanzen überleben besser, wenn sie mit dem Laub überwintern.

Madagaskarpalme ohne Blätter

Bitte um Hilfe! Meine Madagaskarpalme verliert ihre schönen Blätter. Was mache ich falsch? Ich gieße immer gleichmäßig.

Im Winter muss man bei der Madagaskarpalme (sie wird auch „Stern der Steppe“ genannt) aufpassen, dass sie hell, aber niemals auf einer kalten Fensterbank steht. Wurzelfäulnis ist die Folge und damit der Blattverlust. Gießt man sehr wenig, kann es auch zu Blattverlust kommen. Diese Probleme treten aber seltener auf. Achten Sie auch auf die Spinnmilbe an der Blattunterseite, die die Madagaskarpalme gern befällt.

Luftwurzeln nicht abschneiden

Mein Fensterblatt bildet sehr viele Luftwurzeln, die mich stören, weil sie schon am Boden herumkriechen. Kann ich diese einfach abschneiden?

Nein, gerade diese Luftwurzeln, so sie noch frisch und saftig sind, sind für das Wachstum besonders bedeutsam. Allerdings kann man sie beim Umtopfen zum Teil in den Topf packen. Sie wachsen dann weiter und versorgen die Pflanze.

Mein Tipp

Zimmerpflanzen ins Licht

Die Tage werden kürzer und kürzer und deshalb beginnt nun für die Zimmerpflanzen die schwerste Zeit: hohe Temperaturen, trockene Luft und wenig Licht. Daher sollte man nun die Südfenster nutzen und dort die Pflanzen platzieren. Ist unter der Fensterbank ein Heizkörper, dann unbedingt große Untersetzer mit Tongranulat füllen, gut wässern und darauf den Übertopf mit den Pflanzen stellen. So steigt immer feuchte Luft auf.

NATURGARTEN

Winter

Für Natur und Garten beginnt die Ruhephase. Der Apfelbaum ist laublos – das ist die Zeigerpflanze im phänologischen Kalender für den Winter. Nun kommen erste längere Frostperioden und letztlich in vielen Teilen des Landes Schnee. Der wohl beste Schutz für den Boden. Die Anfangsphase des Winters gehört zu den schönsten Zeiten im Jahr. Oft schmückt sich der Garten in dieser Jahreszeit mit herrlichem Raureif – oft noch auf den letzten Blättern und Blüten. Hortensien sehen dann aus, als ob sie sich noch einmal „schön" machen. Aber auch der völlig andere Blick auf den Garten macht Freude – plötzlich sind Sichtachsen frei und so manche dunkle, sonst dicht belaubte Gartenstelle ist um die Mittagszeit lichtdurchflutet.

Was ist jetzt zu tun?
Winter

Zaubernuss

Winterjasmin

Wintergetreide

Schneerose

So erkennen Sie den Winter:

Wintergetreide
Am Anfang des Winters läuft das Wintergetreide auf.
Zaubernuss (*Hamamelis*)
Am Ende des Winters setzt die Blütezeit ein.

Winterjasmin (*Jasminum nudiflorum*)
Die Blüten erscheinen mit dem Ende des Winters.
Schneerosen (*Helleborus niger*)
Die Blüten öffnen sich am Ende der Jahreszeit.

Ziergarten

- Im Garten ist Ruhe eingekehrt. An den langen Abenden im Winter können Sie die Saatgutvorräte sortieren, Kataloge, Pflanzlisten und Aufzeichnungen studieren und – falls schon wieder Gartenlust aufkommt – die Pflanzpläne fürs kommende Jahr erstellen.
- Der Schnitt von Obst- und Ziergehölzen steht im Januar auf dem Programm. Ideal sind frostfreie Tage, an denen der Boden aber nicht zu nass ist. Zur Schere greifen sollten – besonders bei den Obstbäumen – aber nur diejenigen, die schon einmal einen Kurs besucht haben. Siedler- und Gartenbauvereine bieten nun zahlreiche Schnittkurse an.
- Nicht auf die Vogelfütterung vergessen. Wer einmal damit begonnen hat, sollte nun nicht nachlässig werden. Die Tiere gewöhnen sich an die Futterstellen. Eine Delikatesse sind getrocknete Mehlwürmer, die es im Fachhandel zu kaufen gibt. Und ab dem Frühjahr sind diese Vögel die großen Schädlingsvernichter.
- Christbäume nicht abtransportieren, sondern die Äste abschneiden und auf die Rosenstöcke legen. Das Reisig ist der beste Sonnenschutz. So treiben die Pflanzen nicht zu früh aus.
- Die Äste immergrüner Sträucher können unter zu großer Schneelast brechen, daher nach Schneefällen die weiße Pracht mit Besen oder Rechen abschütteln.
Generell lassen sich bruchgefährdete Sommersträucher schützen, indem man die gesamte Krone mit einem dünnen Seil locker zusammenbindet.

Balkon & Terrasse

- Immergrüne Gehölze im Topf immer wieder an frostfreien Tagen gießen. Dauerfrost lässt die Gehölze oft vertrocknen, weil die Blätter trotzdem Wasser verdunsten.

Zimmerpflanzen

- Die härteste Zeit für alle Zimmerpflanzen ist vom Dezember bis zum Februar. Zu wenig Licht, zu hohe Temperaturen und zu trockene Luft. Daher alle Pflanzen möglichst nahe ans Fenster stellen, Vorhänge öffnen und die Pflanzen immer wieder übersprühen. Gedüngt wird etwa alle 2 Wochen.
- Kräuter auf die Fensterbank holen: Schnittlauch, Petersilie, aber auch Basilikum lassen sich (wenigstens für 2 bis 3 Wochen) ganz gut im Zimmer halten und liefern frische Vitamine. Am flottesten und unproblematischsten ist die Kresse – sie keimt in wenigen Tagen.

Zaubernuss

Fragen zum **Winter**

Schnee und Eis formen im Winter wieder bizarre Gebilde, die den Garten auch zu dieser Jahreszeit attraktiv machen.

Ziergarten

Pilze im Rasen

In meinem Rasen wachsen bis zum ersten Frost immer wieder verschiedene Pilze.

Einige wenige Pilze im Rasen sind nicht schädlich. Der Nelkenschwindling, der meistens für die Hexenringe verantwortlich ist, kann den Rasen allerdings schädigen. Wächst das Gras normal, können Sie den Besatz durch Hutpilze vernachlässigen. Sind die Rasengräser geschädigt, sollten Sie durch eine gute Rasenpflege (häufiges Mähen und gezielte Düngung) das Wachstum der Gräser unterstützen. Dadurch verschwinden die Pilze meist wieder von selbst.

Ein echter Bauerngarten benötigt Platz

Ich möchte im kommenden Jahr einen Bauerngarten anlegen. Wie viel Platz muss ich dafür mindestens einrechnen?

In historischen Bauerngärten schneiden sich 2 Wege im rechten Winkel und haben im Mittelpunkt ausreichend Platz für ein Mittelbeet. In unseren Gärten heute ist leider zu wenig Platz für einen „echten“ Bauerngarten, das Grundprinzip lässt sich aber auch hier anwenden: Bei einer Wegbreite von 50 cm und einer Beetbreite von 1 bis 1,5 m ist eine Minimalbreite von 2,5 m erforderlich. Die Länge ist dabei unterschiedlich. So kann ein Bauerngarten sowohl als Quadrat als auch als Rechteck angelegt werden. Der Bauerngarten soll vom Haus aus gut erreichbar sein und nicht nur Platz für Küchenkräuter und Gemüse, sondern auch genügend Platz für Blumen und Beerensträucher bieten. Ein Bauerngarten wird häufig im Vorgarten angelegt. Bei schmalen Grundstücken lässt er sich auch quer am Ende des Grundstücks anbringen. Dort „verlieren“ Sie nur einen 2,5 m breiten Streifen.

Vorsicht mit Kaffeesatz

Kann man mit Kaffeesatz düngen und ist der Kaffeesatz aus den Kapseln verwendbar?

Kaffeesatz ist kein Dünger im herkömmlichen Sinn, aber er ist auf jeden Fall eine Substanz, die einen eher sauren Boden erzeugt. Also etwa bei Heidelbeeren und Rhododendren können Sie ihn ausstreuen. Besser ist es aber generell, solche Reststoffe über den Kompost zuerst zu vererden und dann die Erde zu den Pflanzen zu geben. Kaffee aus den Kapseln sollten Sie nicht verwenden, da hier auch andere Stoffe beigemengt sind.

Behalten Sie Wacholder im Auge

Mein Birnbaum hat an den Blättern immer orange Flecken, die vom Nachbarn als Birnengitterrost identifiziert wurden. Was kann ich dagegen unternehmen?

Es besteht ein enger Zusammenhang zwischen Birnengitterrost und einigen Wacholderarten in der Nachbarschaft. Wacholder ist der Zwischenwirt für den gefürchteten Rostpilz der Birne, der sich nicht bekämpfen lässt. Deshalb lohnt es sich, jetzt die Wacholdersträucher genau anzuschauen. Zeigen sich an einzelnen Ästen walzenförmige Stammverdickungen, brechen hier im Frühjahr Sporenlager auf, die dann die Birnbäume infizieren. Befallene Wacholdertriebe also unbedingt gründlich zurückschneiden, sonst bleibt die Pflanze zeitlebens infiziert!

BIO-TIPP

Lebender Christbaum

So großartig die Idee ist, sie funktioniert fast nie. Ein „lebender Christbaum“ ist meist zum Tod verurteilt. Erst wenige Wochen vor Weihnachten wird er ausgestochen (mit viel zu wenig Wurzeln), kommt aus der Kälte ins warme Wohnzimmer. Er beginnt dort zu treiben und wird 2 Wochen später wieder in die Winterkälte gestellt. Das überlebt kein Baum. Also ist der abgeschnittene Christbaum doch der bessere.

Wacholder ist die Wirtspflanze für den Birnengitterrost. Achten Sie im Winter auf Stammverdickungen und orangefarbige Sporenlager.

Unkräuter mechanisch bekämpfen

Wie bekämpfe ich Unkräuter im Rasen?

Auf jeden Fall ohne Chemie. Das heißt: Rasen 3-mal jährlich organisch düngen, nie zu kurz mähen (3 bis 4 cm) und evtl. da und dort größere Wildkräuterinseln mechanisch entfernen und ab dem Erstfrühling wieder nachsäen.

Empfehlenswerte Wildrosen

Ich habe von sogenannten „Wildrosen" gehört, die keine Pflege benötigen. Welche können Sie empfehlen?

Apfelrose (*Rosa villosa*) oder Hundsrose (*Rosa canina*) sind nur 2 der Wildrosen, die keinerlei Pflege benötigen. In Randbereichen des Gartens sorgen sie alljährlich für ein Blütenfeuerwerk. Die Apfelrose verströmt einen betörenden Duft, die Hagebutten enthalten außergewöhnlich viel Vitamin C.
Die beste Pflanzzeit ist der Herbst, aber auch das ganze Jahr über, außer während starker Frostperioden. Im Winter können sie geschützt werden, allerdings sind Wildrosen nur wenig frostanfällig.

Pampasgras benötigt Winterschutz

Das Pampasgras ist nach dem Winter fast immer dürr. Schneiden wir es zu früh (Ende Februar) auf 15 cm zurück?

In einem schneearmen, aber extrem kalten Winter gehen diese empfindlichen Gräser leider vielerorts kaputt. Warme, windgeschützte Standorte mit durchlässigem Boden sind ideal. Binden Sie die Halme zu einem Schopf zusammen. Dadurch bleibt das „Herz" der Pflanze geschützt.

Anlage einer Trockenmauer

Ich möchte mir eine Trockenmauer zur Hangbefestigung anlegen. Muss ich dabei etwas Besonderes beachten?

Trockenmauern sollen normalerweise nicht höher als 120 bis 150 cm sein und mit einer Neigung von 10 bis 20 % zum Hang hin errichtet werden. Damit ist eine gute Stabilität gegeben. Nur mit sehr großen Steinen lassen sich höhere Mauern errichten. Damit benötigt man aber unbedingt schweres Gerät und die Hilfe erfahrener Experten.

Mein Tipp

Palmblatt-Schneerosen – Zierde fürs ganze Jahr

Eine Pflanze, die ich vor Jahren als Geschenk bekam, hat sich für mich zu einer der willkommensten Faulenzerpflanzen entwickelt: die heimische Stinkende Nieswurz (*Helleborus foetidus*). Im Schatten, in der Sonne, auf feuchten Böden genauso wie auf trockenen sät sie sich aus. Interessant sind neue Sorten, deren Blüten nach Maiglöckchen duften. Also ganz und gar nicht stinkend!

Nutzgarten

Wein als Laubenpflanze

Muss ich den Wein wirklich schneiden? Mein Nachbar macht nichts und hat eine herrliche Laube mit Hunderten (allerdings sehr kleinen) Trauben.

Grundsätzlich können Sie den Wein wie eine Zierpflanze wachsen lassen, dann wird aber mit der Zeit die Traubenbildung immer geringer. Ich würde von Zeit zu Zeit schneiden und die Zierde (ein Laubdach bei der Laube) mit dem Nutzen (den Trauben) verbinden. Im Spätwinter (etwa Februar) werden an frostfreien Tagen die Triebe des Vorjahrs auf 3 Augen geschnitten. Die Seitentriebe, die sich dann bilden, werden Früchte tragen. Winzer sind beim Schnitt rigoros – sie wollen möglichst große Trauben. Zum Naschen sind aber die Beeren auch beim „dezenten" Schnitt ganz köstlich.

Braunes Quittenfruchtfleisch

Mein Quittenbaum hatte heuer viele Früchte. Jetzt wollte ich sie zu Gelee verarbeiten, habe aber festgestellt, dass das Fruchtfleisch braun verfärbt ist. Was ist die Ursache und kann ich sie noch verwenden?

Fleischverbräunungen können auftreten, wenn die Quitten nach der Ernte länger gelagert wurden. Länger als 4 Wochen sollten Sie die Früchte nicht aufbewahren. Bei leichter Verfärbung können Sie die Früchte noch verarbeiten. Sie verlieren jedoch an Aroma und Gelierfähigkeit.

Wein im Spätwinter schneiden

Wann und wie schneide ich meine Weintraubenpflanze?

So wie es die Winzer machen – im Spätwinter an frostfreien Tagen. Vorjahrestriebe auf 3 Augen einkürzen – da bilden sich dann die neuen Fruchttriebe.

Wein eignet sich ideal als Laubenpflanze, sollte aber auch dann von Zeit zu Zeit zurückgeschnitten werden.

Nicht alle Pflanzen vertragen Kälte. Wärmeliebende Arten rechtzeitig ins Haus holen!

Balkon & Terrasse

Mimosen im Winter

Wie bringe ich meine Mimose über den Winter? Ich habe sie im Frühjahr bekommen, umgetopft und möchte wissen, ob man sie auch zurückschneidet.

Gemeint sind sicherlich die gelb blühenden Mimosen, die wir von den Frühlingsblumensträußen kennen. Sie sollten ganz kühl und hell überwintern. Nicht jetzt schneiden, es müssten schon die Blütenknospen zu sehen sein. Immer saure, kalkfreie Erde verwenden und mit Regenwasser gießen.

Samenexperimente mit Exoten

Von meinen Reisen bringe ich gern Samen mit und freue mich immer, wenn daraus eine Pflanze wird. Nun habe ich eine Samenkapsel von einem Jacarandabaum in die Erde gesteckt, aus der ein ganzer Strauß von Pflänzchen kommt. Soll ich vereinzeln oder sie so lassen und warten, was wird? Es ist mir schon klar, dass ich nie einen Baum haben werde, aber eine Weile könnte ich mich doch freuen, dass es mir gelungen ist, diesen Jacarandabaum gezüchtet zu haben.

Exotische Pflanzen aus Samen zu ziehen, macht großen Spaß – die Obstabteilungen liefern beispielsweise mit Avocados, Mangos oder Litschis für alle Nichtreisenden eine ideale Bezugsquelle.

Ihre Jacarandas sollten Sie im Frühjahr unbedingt pikieren, also vereinzeln. Normale Topferde ist ideal. Stellen Sie sie im Sommer ins Freie. Als Kübelpflanze (Winter drinnen, Sommer draußen) kann sie nach einigen Jahren sogar blühen. Jedenfalls habe ich die herrlichen blauen Blüten bei einem Pflanzenfreund mit idealem Überwinterungs-Wintergarten schon in voller Blüte gesehen.

Befruchtungspartner für Stechpalmen

Meine Stechpalme hat keine roten Beeren. Im letzten Jahr, als ich sie gekauft habe, war sie übervoll. Was mache ich falsch?

Die *Ilex*, als typische Weihnachtspflanze, setzt nur dann die schönen roten Beeren an, wenn ein Befruchtungspartner in der Nähe ist. *Ilex* sind nämlich zweihäusig – es gibt also männliche und weibliche Pflanzen.

Kühles Winterquartier bevorzugt

Meine Hanfpalme blüht jedes Jahr ungewollt im Winterquartier (Keller). Wie kann ich diesen Blühzeitpunkt auf einen anderen Zeitpunkt (Frühjahr, Sommer) verlegen?

Mit Sicherheit ist das Winterquartier zu warm. Bei Temperaturen um 3 bis 5 °C gibt es kein Wachstum und damit auch keine Blüte.

Zitronenbäume wollen wenig Wasser

Unser selbst gezogener Zitronenbaum (ca. 20 Jahre alt) blüht zum ersten Mal. Es kommen Blüten nach. Wir stellen den Baum wegen der Blüte ins warme Haus, er wirft aber vermehrt gelbe Blätter ab. Gieße ich zu wenig oder zu viel?

Gratulation! Passiert gar nicht so oft, dass die „wilden" Zitronen blühen. Nicht zu warm aufstellen, nicht zu viel gießen. An sehr hellen und warmen Standorten muss man auch im Winter düngen.

Wie werden Freilandtröge gegossen?

Es heißt immer: Terrassentröge im Winter gießen. Doch wann und wie oft wird nicht erklärt. Bitte geben Sie mir Tipps!

Das Gießen ist vor allem bei den Immergrünen notwendig. Sie verdunsten auch im Winter Wasser und müssen daher an frostfreien Tagen gegossen werden. Jute, die um die Pflanzen gewickelt wird, reduziert die Verdunstung. Günstig ist es auch, die Tröge oder Töpfe dick mit Jute (keine Folie!) einzupacken.

Enges Quartier? Kein Problem!

Wie eng kann ich die Pflanzen im Winterquartier aufstellen und müssen diese auch gedüngt werden?

Die Pflanzen können Sie sehr eng aufstellen. Die Kübelpflanzen sind vom November bis Februar in einer Art Ruhezustand. Selbst zusammengebundene Oleander überleben so problemlos. Gedüngt sollte generell nicht werden. Wenn kaum Licht vorhanden ist, dann kann eine Pflanze auch kaum Nährstoffe aufnehmen. Steht ein Orangen- oder Zitronenbaum aus Platzgründen aber hell und warm, dann sollten Sie ihn alle 3 Wochen düngen.

Garten-irrtümer

Komposthaufen stinkt immer. FALSCH!

Stinkt er, dann ist etwas „faul".
Und Fäulnis darf es auf einem Komposthaufen nicht geben. Verrottung ist das Ziel.
So wie im Wald das Laub verrottet, so sollen alle Gartenabfälle langsam zu Humus werden. Und das geht bei einem lockeren Aufbau ganz ohne Gestank.

Weihnachtssterne gut verpackt nach Hause tragen. Kälte – auch nur kurzfristig – kann zum Absterben der Pflanze führen.

Zimmerpflanzen

Grüne Weihnachtspracht

Mein Weihnachtsstern von vor 2 Jahren will nicht mehr blühen – er steht im warmen Wohnzimmer und ist schön gewachsen, aber nur grün. Was tun?

Ganz einfach – der Weihnachtsstern ist eine Kurztagspflanze, die Nacht muss länger sein als der Tag, dann setzt er Blüten an und beginnt, die Blätter rot zu färben. Allerdings wird er bereits durch eine normale Zimmer- oder Straßenbeleuchtung irritiert. Der Pflanze daher mindestens 12 Stunden absolute Dunkelheit „verordnen“, dann blüht sie wieder.

Frostgefahr beim Weihnachtsstern

Mein Weihnachtsstern hat keine grünen Blätter mehr. Ich habe ihn, wie Sie empfohlen haben, gut eingepackt im Auto transportiert. Dort lag er aber einen ganzen Tag – war das zu lang?

Ja, das war zu lang: Der Stern hat sich verkühlt und wirft deshalb die grünen Blätter ab. Aufpassen auch beim Lüften – nicht in der Zugluft stehen lassen und nicht mit kaltem Wasser gießen.

Weihnachtsstern ist keine Wegwerfpflanze

Kann man eigentlich einen Weihnachtsstern weiterziehen, oder ist er tatsächlich eine Wegwerfpflanze?

Man kann – sogar sehr einfach. Im Februar, wenn er verblüht ist, die Triebe um gut 2/3 einkürzen und gleich umtopfen. Danach erst wieder kräftiger gießen und regelmäßig düngen, wenn das Wachstum wieder begonnen hat. Ab Mai ins Freie stellen – zuerst mit Sonnenschutz, damit die Blätter nicht verbrennen. Bis Mitte August nun immer wieder die Triebe zurückschneiden, damit sie sich verzweigen. Ab Mitte September in einen Raum stellen, in dem es kein künstliches Licht gibt. Die „Kurztagspflanze“ setzt nun die Blüte an und die Hochblätter färben sich und werden genau zu Weihnachten wieder in voller Pracht erstrahlen.

Orchideenableger

Meine Orchidee hat einen Stängel gebildet, als wollte sie eine Blüte ansetzen. Doch daraus wurden plötzlich neue Blätter mit Luftwurzeln. Was ist passiert?

Diese Pflanze war eindeutig gestresst. Entweder war's zu kalt oder zu warm, deshalb bildet sie einen Ableger. Ich empfehle, die Luftwurzeln mindestens ein Jahr wachsen zu lassen, bis sich mehrere dieser Wurzeln und 2 bis 3 große Blätter gebildet haben. Dann können Sie den Ableger in frische Orchideenerde pflanzen.

Wollläuse an Orchideen

An meinen Orchideen habe ich Wollläuse entdeckt – jedenfalls habe ich sie laut Fotos aus einem Buch identifiziert. Was raten Sie? Die Pflanzen wegwerfen oder soll ich ihnen eine Chance geben?

Die Pflanze auf keinen Fall wegwerfen, da Sie mit etwas Geduld die Wollläuse beseitigen können. Behandeln Sie die Pflanze mehrmals mit einem ölhaltigen Biospritzmittel („Wolllausfrei"). Besonders stark befallene Blätter mehrmals mit Schmierseifenwasser abwischen – mit einem Wattestäbchen bis in die Ritzen. Sollten Sie die Pflanzen dann doch wegwerfen, beachten Sie, dass die Wollläuse Eier auch an den Rändern des Übertopfes ablegen. Diese überleben bis zu 2 Jahre. Also am besten im Geschirrspüler heiß auswaschen, damit es nicht gleich wieder zu einem neuerlichen Befall kommt.

Orchideen umtopfen

Meine Orchideen blühen seit „Jahren", möchte ich fast sagen. Soll ich sie umpflanzen? Es gibt fast nur noch Wurzeln im Topf.

Ich vermute, es handelt sich um die *Phalaenopsis*, die Nachtfalterorchidee. Dies ist die meistverkaufte Orchidee und ideal für unsere Wohnungen. Je weniger Sie die Wurzeln stören, desto schöner wird sie wachsen. Ich empfehle folgende Maßnahme: Sitzen die Wurzeln sehr fest im Topf, einen größeren Topf nehmen und etwas Orchideenerde (sollte fast nur Rinde sein) einfüllen. Den Plastiktopf draufstellen und rundherum mit dem Substrat auffüllen. Die Orchidee wächst mit ihren Wurzeln über den Topfrand weiter.

Hyazinthen im (am) Glas

Mein Tipp

War das eine Sensation zu Großmutters Zeiten: Mitten im Winter blühte eine Hyazinthe.
Und jetzt sind sie wieder „in": die Hyazinthengläser. Zuerst werden sie im Keller aufgestellt, die Spitze mit einem kleinen Papierhäubchen abgedeckt. Und schon beginnen die Wurzeln zu wachsen. Dann kommt das Glas in die Wärme – noch mit Häubchen – und einige Tage später öffnen sich die Blüten.

Orchideen vertragen einen engen Wurzelraum. Bei zu wenig Platz ist ein Umtopfen unumgänglich.

Orchideenwurzeln brauchen Licht

Ich möchte meine Orchidee in einen neuen Topf umsetzen, habe aber gehört, dass es besser ist, einen durchsichtigen Plastiktopf zu nehmen und keinen Übertopf zu verwenden, weil die Wurzeln Licht brauchen. Ist das richtig?

Die Luftwurzeln der Phalaenopsis führen Chlorophyll, das für die Fotosynthese der Pflanzen verantwortlich ist. Um ein gesundes Wachstum zu fördern, ist es richtig, sie in einen durchsichtigen Topf zu pflanzen. Übertöpfe sollten Sie dann allerdings vermeiden. Ansonsten wachsen die Wurzeln hauptsächlich an der Oberfläche des Topfes und verlieren etwas an Halt.

Erfolglose Mangopflanze

Ich habe aus einem Mangokern eine etwa 30 cm hohe Pflanze gezogen. Im Winter sind die Blätter leider abgefallen und die Pflanze schaut sehr mickrig aus. Ein Umtopfen, wie mir geraten wurde, ist der Pflanze leider nicht bekommen. Jetzt sind auch die Triebe abgefallen. Ist sie noch zu retten?

Sie haben im Prinzip einen grünen Daumen, denn allein das Anwachsen einer Mango ist nicht ganz einfach. Doch dann scheitern fast alle, denn die Tropenpflanze braucht extrem hohe Luftfeuchtigkeit, viel Licht (Kunstlicht) und immer 25 bis 30 Grad. Also leider unmöglich bei uns! Versuchen Sie es mit einem Avocadokern. Avocados wachsen problemlos als Zimmer- und Kübelpflanze.

Radikalschnitt bei Fensterblatt

Mein Philodendron ist riesengroß und stößt mittlerweile an die Zimmerdecke. Sosehr ich es bedaure, aber ich muss ihn wohl zurückschneiden. Wie soll ich das machen?

Keine Träne ist notwendig, denn das Fensterblatt, wie der Philodendron auf Deutsch genannt wird, treibt problemlos aus. Sie können sogar aus den abgeschnittenen Trieben neue Pflanzen ziehen. Nehmen Sie Kopfstecklinge sowie Teilstücke mit einem Blatt und wässern Sie diese ein. Nach wenigen Wochen bilden sich Wurzeln und dann können Sie sie in Erde (normale Blumenerde reicht aus) setzen.

Tipps für Usambaraveilchen

Wie schaffe ich es, ein Usambaraveilchen wieder zum Blühen zu bringen? Der Topf ist sehr klein, gegossen wird nur von unten in die Schale. Ich gebe Acht, dass die Blätter nicht feucht werden. Was mache ich falsch dabei? Die Blätter schauen frisch aus, die Pflanze wächst, aber ich sehe keinen Blütenansatz. Die Pflanze steht hell, aber nie in der Sonne.

Vor vielen Jahren gab es in meinem Heimatort einen Gärtner, der Usambaraveilchen kultivierte. Der hat mir damals folgende Tipps gegeben:

1. Keine Sonne.
2. Nicht zu nass halten.
3. Kalkfreies Wasser verwenden.
4. Nicht zu stark düngen (mit „Blattdünger").

Und das Wichtigste:

5. Keine wechselnden Temperaturen – beim Gießwasser genauso wie beim Standort (Heizkörper im Winter und kalte Luft beim Lüften vermeiden).

Sollte das Veilchen „in die Jahre gekommen sein", durch Blattstecklinge (Blätter abbrechen und mit dem Stängel 1 cm in die Erde stecken) vermehren.

BIO-TIPP

Hilfe für den Komposthaufen

Komposthaufen melden Probleme sofort.
Ist der Inhalt grau, war das Material zu trocken und zu locker aufgeschichtet – statt Erde findet man nur staubiges Innenleben vor.
Ist der Inhalt faulig, feucht und stinkt, wurde das Material zu stark zerkleinert. Der Häcksler war wieder einmal zu oft im Einsatz und in der Fäulnis ist alles Leben erstickt.

Abhilfe in beiden Fällen: Sofort den Haufen neu aufsetzen und je nach Problem mit viel trockenem oder viel nassem Material mischen. Die Natur bügelt den Fehler aus, es muss nichts weggeworfen werden!

Usambaraveilchen bei gleichmäßiger Temperatur aufstellen und kalkfreies Gießwasser – z. B. Regenwasser – verwenden.

Weihnachtskaktus braucht strenge Ruhezeit

Mein Weihnachtskaktus hat schöne Knospen angesetzt, die aber dann begonnen haben, abzufallen. Wieso passiert das ohne Kulturveränderung und kann ich die verbleibenden Knospen noch retten?

Da haben Sie zu viel des Guten gegossen. Weihnachtskakteen benötigen gleich nach der Blüte eine kurze Ruhephase von 2 bis 3 Wochen. Dann wird gegossen und gedüngt. Man kann sie nach den Eisheiligen auch ins Freie in den Halbschatten stellen. Ab Ende September beginnt die richtige Ruhezeit – kein Tropfen Wasser und kühle Plätze. Tauchen die ersten Knospen auf, etwas gießen, nach einigen Tagen gleichmäßig feucht halten. Die verschrumpelten Blattglieder werden sich dann rasch erholen.

Christusdorn sparsam gießen

Mein Christusdorn hat wunderschön geblüht, lässt aber jetzt alle Blätter fallen und schaut wie ein einziges Gerippe aus. Was ist die Ursache dafür?

Sicherlich ein Gießproblem. Der Christusdorn gehört zu den Pflanzen, die nicht zu viel Wasser benötigen. Beginnen die Wurzeln (durch zu viel Wasser) zu faulen, dann wirft die Pflanze die Blätter ab.

Blattflecken am Usambaraveilchen

Mein Usambaraveilchen hat merkwürdige Flecken auf den Blättern. Was kann der Pflanze fehlen? Hängt das damit zusammen, dass meine Pflanze kaum noch Blüten hervorbringt?

Flecken an den Blättern sind meist auf Nässe auf den Blättern oder auf direkten Sonnenschein zurückzuführen. Die Veilchen benötigen viel Wärme und gedämpftes Licht. Nicht zu viel gießen und düngen, sonst gibt es nur Blätter.

Spinnmilben bei trockener Luft

Mein Weihnachtsstern ist voller Spinnmilben. Der Befall ist schon so stark, dass die Blätter abfallen. Kann ich ihn noch retten?

Jede Pflanze, die an Spinnmilben leidet (oft auch Palmen und Gummibäume), stehen in zu trockener Zimmerluft. Daher heißt es hier die Luftfeuchtigkeit erhöhen, indem man sie täglich übersprüht. Oder: einen großen Untersetzer mit Tongranulat befüllen und mit Wasser tränken. Die Pflanze mit Übertopf oder einem kleinen Untersetzer daraufstellen. Die feuchte Luft steigt dann bei der Pflanze auf und es gibt weniger Probleme mit Spinnmilben.

Weiße Fliege

Mein Tipp

Die „Weiße Fliege" ist ein besonders lästiger Schädling. Zur Bekämpfung habe ich einen unkonventionellen Tipp, den ich von einer Hörerin bekam und der schon vielfach Erfolg brachte. Tag für Tag (oft auch 2-mal pro Tag) die Pflanze schütteln und die auffliegenden Insekten mit dem Staubsauger einsaugen. Außerdem mit Biospritzmittel (auf Rapsölbasis) einsprühen. In Wohnräumen ist auch das Ausbringen von Nützlingen ideal.

Gönnen Sie dem Weihnachtskaktus Ruhe!

Die Weihnachtskakteen schauen nach dem Umtopfen ausgetrocknet aus und lassen alles hängen, obwohl sie gespritzt worden sind. Was könnte die Ursache sein?

Ich vermute einen Gießfehler oder zu starke Düngung. Der Weihnachtskaktus hat nach der Blüte eine erste Ruhezeit, dann Wachstum bis August und dann wieder Ruhe, bis die Blütenknospen sich bilden.

Narzissen akzeptieren keine Tulpen

Ich habe in meiner Vase Schnittblumen von Narzissen und Tulpen arrangiert. Während sich die Narzissen gut halten, welken die Tulpen sehr rasch. Vertragen sich die beiden nicht?

Narzissen müssen, bevor man sie mit Tulpen in die Vase stellt, ausbluten. Der Schleim aus deren Stängeln verstopft die Wasserleitungsbahnen der Tulpen. Schneiden Sie die Narzissenstängel an und stellen Sie diese für einige Stunden in eine Extravase. Danach die Stängel unter fließendem Wasser reinigen und mit nur halb voller Vase gemeinsam mit den Tulpen arrangieren. Noch besser ist es, wenn Sie die Narzissen allein in die Vase stellen. Frischhaltemittel nicht vergessen – oder einen Esslöffel Essig und ein Stück Zucker ins Wasser geben.

Florfliegen am Dachboden

Auf meinem Dachboden überwintern alljährlich Florfliegen. Allerdings fällt mir auf, dass diese dann immer absterben. Kann ich etwas machen, damit die Tiere nicht verenden?

Dachböden und Stiegenhäuser sind für diese Läusejäger das ideale Winterquartier. Es sollte nur nicht zu warm sein. Kühle Dachböden sind ideal. Ist es zu warm, dann verdursten die Tierchen. Ein Tipp: Hängen Sie Florfliegenhäuser im Garten auf (das sind die mit dem roten Holzdeckel und der Holzwolle dahinter). Hier überleben die Tiere am besten.

Medinilla für den grünen Daumen

Meine Medinilla hat mitten im Winter begonnen, die Blätter abzuwerfen. Kann ich die Pflanze noch retten und wie soll ich sie behandeln?

So herrlich diese Dschungelpflanze ist, im Zimmer ist sie schwer zu kultivieren. Zu viel Wärme mit wenig Luftfeuchtigkeit mag sie nicht. Genauso wenig wie kühle Räume mit zu viel Wasser im Topf. Ich würde die Pflanze zurückschneiden, nicht zu feucht halten und bei etwa 18 bis 20 °C aufstellen. Im Winter eher sonnig, sonst nur halbschattig.

Medinilla verträgt Temperaturen über 25 °C nur bei hoher Luftfeuchtigkeit, im kühlen Zimmer muss sie hingegen trocken stehen.

Waldvilla

Links & Bezugsquellen

Internet

Biogärtner
Mehr als 1,2 Millionen Mal wird meine Internetseite pro Jahr angeklickt. Hier gibt es viele Tipps fürs naturgemäße Gärtnern. Zu sehen sind Bilder aus meinem Garten, von meinen Gartenreisen sowie aktuelle Tipps und ein Fragebriefkasten – für den ich aber um ein wenig Geduld bei der Antwort bitte, denn manchmal sind es einige Hundert Fragen pro Monat! **www.biogaertner.at**

Garten im Fernsehen

Natur im Garten
ORF-Gartensendung „Natur im Garten" – in der Gartensaison am Sonntag, ca. 16 Uhr, ORF 2. Wiederholung zu unterschiedlichen Zeiten auf 3sat und auf ORF III. **www.naturimgarten.at**

Gehölze, Stauden, Liebhaberpflanzen

Staudengärtnerei und Baumschule Praskac
Eine der bestsortierten Gärtnereien Österreichs: Ob Bäume, Sträucher oder Stauden – hier findet man alles. **www.praskac.at**

Staudengärtnerei Dieter Gaissmayer
Hier wird der Staudeneinkauf zum Erlebnis. Nehmen Sie sich Zeit, wenn Sie hierherfahren. Besonders empfehlenswert: Illertisser Gartenlust. **www.gaissmayer.de**

Häberli Fruchtpflanzen
Breites Sortiment an Obstpflanzen und Beerenpflanzen für Hausgarten und Terrasse. **www.haeberli-beeren.ch**

Stauden Sarastro
Wer einmal erlebt hat, mit welcher Freude Christian Kress dem Gärtnern frönt, der wird immer wieder hierherkommen. Hier finden Sie zahlreiche Raritäten und spezielle Stauden-Sorten. **www.sarastro-stauden.com**

Rosenhof Schultheis
Hier erhalten Sie alles, was das Rosenherz begehrt! Dazu ein Firmenchef, der an Liebenswürdigkeit kaum zu übertreffen ist. **www.rosenhof-schultheis.de**

Raritätengärtnerei Treml
Ob Salbei oder Rosmarin, ob afrikanische Kräuter oder Jasmin – ein riesiges Sortiment an Kräuter- und Gewürzpflanzen! **www.pflanzentreml.de**

Staudengärtnerei Alpine Raritäten Jürgen Peters
Ob ein Leberblümchen für einige Tausend Euro (!) oder Veilchen ... auch hier gilt: Hinschauen ist ein Muss! Empfehlenswert v. a. für Steingartenliebhaber. **www.alpine-peters.de**

Für Zitrusliebhaber
Michael Ceron betreibt in Faak am See in Kärnten die einzige Bio-Zitrusgärtnerei Europas und hat eine gewaltige Auswahl. **www.zitrusgarten.at**

Lubera
Obst und Rosen! Die Gärtnerei von Markus Kobelt ist „noch" ein Geheimtipp und spezialisiert auf Beeren und Obst für den Hausgarten. Ergänzt wird das Angebot durch ein großes Sortiment an Rosen. **www.lubera.ch**

Löwer – die „Kräuterbrüder"
Kräuter-Raritäten in Hülle und Fülle: ab Ende März ist die Vielfalt mit über 700 Gewürz- und Heilkräutern direkt aus eigenem Anbau in der Region unübertroffen. Die Pflanzen werden in POTTBURRI-Pflanztöpfen angeboten, die zu 100 % biologisch abbaubar sind.
www.gaertnerei-loewer.de

Für Liebhaber britischer Pflanzenkultur
Die großartigste Gärtnerei, die es gibt – Treffpunkt der Pflanzenliebhaber. **www.ashwood-nurseries.co.uk**

Für Blumenwiesenfreunde
Die sicherlich beste Adresse, um das passende Saatgut für eine Blumenwiese (ob sonniger, schattiger, feuchter oder trockener Standort) zu bekommen.
www.wildblumensaatgut.at

Pflanzenschutz und Nützlinge

Windhager
Viele praktische Utensilien vom Bindedraht bis hin zu Insektenschutz. In Österreich der Generalimporteur für alle Neudorff-Produkte. **www.windhager.at**

Florissa
Ein Newcomer unter den Dünge- und Pflanzenschutzherstellern – viele und biologische Dünger und Erden.
www.florissa.at

Kompostwürmer
Die fleißigen Gartenhelfer für Ihren Komposthaufen, die den Gartenschnitt rasch in nahrhafte Erde verwandeln.
www.erdwurm.at

Biohelp
Nicht nur eine ideale Seite zum Erkennen der Schädlinge, sondern auch gleich die Möglichkeit, Nützlinge zu bestellen. **www.garten-bienen.at**

Neudorff
Einer der ersten Pflanzenschutzmittelhersteller, der schon vor Jahren auf bio setzte. Neben sanften Spritzmitteln auch Nützlingsversand – allerdings nur über den Fachhandel. **www.neudorff.de**

Oscorna
Biologische Düngemittel gehören in dieser Firma seit mehr als 70 Jahren zum Hauptgeschäft – „animalin" ist noch immer der problemloseste Naturdünger, den es gibt. **www.oscorna.de**

Substral Naturen und Celaflor
Nicht alles auf dieser Seite ist bio, aber immer mehr setzen Substral® Naturen® und Celaflor® auf naturgemäßes Garteln. Viele Bilder von Schädlingen.
www.lovethegarden.com

Biologischer Pflanzenschutz für Haus und Garten
Breites Sortiment an Nützlingen und Zubehör für den Hausgarten. **www.katzbiotech.de**

Fachliteratur

Cadmos Verlag – avBUCH
Hier erscheinen alle meine Bücher aus der Reihe „für intelligente Faule" und der jährliche Gartenkalender.
www.avbuch-shop.at

Verlag Eugen Ulmer
12 Projekte für natürliches Gärtnern umfassen mein Buch „So werde ich Biogärtner" aus dem Ulmer Verlag.
www.ulmer.de

Verlag Dorling Kindersley
Umfangreiche Auswahl an reich bebilderten Gartentiteln. Empfehlenswert ist die Reihe „besser gärtnern".
www.dorlingkindersley.de

Stichwortverzeichnis

M

N

O

P, Q

R

S

T

U

V

W

XYZ

Deutsche Pflanzennamen

Cover: Christoph Böhler **Umschlag Seite 2:** Grafik Stiptschitsch **2–3:** Christoph Böhler **4:** Christoph Böhler **6:** Christoph Böhler **8:** shutterstock.com **9:** Vladyslav Danilin/shutterstock.com, Lili Graphie/shutterstock.com, Tamara Kulikova/shutterstock.com, Scisetti Alfio/shutterstock.com, D7INAMI7S/shutterstock.com, Vilor/shutterstock.com, Ziablik/shutterstock.com, Madlen/shutterstock.com, wawritto/shutterstock.com, Gerald Stiptschitsch **10–11:** LianeM/shutterstock.com **12:** viktori_art/shutterstock.com, Serhii Lohvyniuk/shutterstock.com, neil hardwick/shutterstock.com, leungchopan/shutterstock.com, Bildagentur Zoonar GmbH/shutterstock.com, Gerald Stiptschitsch **13:** Scisetti Alfio/shutterstock.com **14:** Zyankario/shutterstock.com, Vladyslav Dunilin/shutterstock.com **15:** Arno van Dulmen/shutterstock.com, kryzhor/shutterstock.com **16:** shutterstock.com **17:** Christoph Böhler **18:** Maks Narodenko/shutterstock.com, Deyan Georgiev/shutterstock.com, picturepartners/shutterstock.com **19:** Swapan Photography/shutterstock.com, Carlos Amarillo/shutterstock.com **20:** Steve Bower/shutterstock.com, Cora Müller/shutterstock.com **21:** Potapov Alexander/shutterstock.com, Klaus Engelmayer **22–23:** TT photo/shutterstock.com **24:** TT photo/shutterstock.com, D. Kucharski K. Kucharska/shutterstock.com, wjarek/shutterstock.com, Wolfgang Zwanzger/shutterstock.com, Anna Bogush/shutterstock.com, Africa Studio/shutterstock.com **25:** jopelka/shutterstock.com **26:** mRGB/shutterstock.com, Diana Taliun/shutterstock.com **27:** Pan Xunbin/shutterstock.com, D. Pimborough/shutterstock.com **28:** madlen/shutterstock.com, Alexander Raths/shutterstock.com **29:** Klaus Engelmayer, asharkyu/shutterstock.com **30:** Scandphoto/shutterstock.com, Gerald Stiptschitsch **31:** Sharon Kingston/shutterstock.com, jopelka/shutterstock.com **32:** Shebeko/shutterstock.com **33:** Klaus Engelmayer, Pakhnyushccha/shutterstock.com, Scisetti Alfio/shutterstock.com **34:** Ann Louise Hagevi/shutterstock.com, mickyso/shutterstock.com **35:** XIE CHENGXIN/shutterstock.com, Scisetti Alfio/shutterstock.com **36–37:** KPG_Payless/shutterstock.com **38:** Anest/shutterstock.com, schankz/shutterstock.com, Anastasiia Malinich/shutterstock.com, ileana_bt/shutterstock.com, Gerald Stiptschitsch (2) **39:** Zadiraka Evgenii/shutterstock.com **40:** sandro/shutterstock.com, jps/shutterstock.com **41:** Cathy Keifer/shutterstock.com, Janelle Lugge/shutterstock.com **42:** Bildagentur Zoonar GmbH/shutterstock.com, Allocricetulus/shutterstock.com **43:** Eric Isselee/shutterstock.com, Gerald Stiptschitsch, Soyka/shutterstock.com **44:** Eva Maria Mayr, Peter Zijlstra/shutterstock.com, Nattika/shutterstock.com **45:** Christoph Böhler **46:** Darell Blake Courtney/shutterstock.com, Eric Isselee/shutterstock.com **47:** Le Do/shutterstock.com, Christoph Böhler **48:** Mimohe/shutterstock.com, Catalin Petolea/shutterstock.com, Iurii Kachkovskyi/shutterstock.com **49:** Jiri Vaclavek/shutterstock.com, Elena Elisseeva/shutterstock.com **50–51:** Christoph Böhler **52:** Martin Fowler/shutterstock.com, Lilyana Vynogradova/shutterstock.com, Aleksandr Stepanov/shutterstock.com, dabjola/shutterstock.com, stieberszabolcs/shutterstock.com, Auhustsinovich/shutterstock.com **53:** Scisetti Alfio/shutterstock.com **54:** shutterstock.com, Melinda Fawver/shutterstock.com **55:** okasna2010/shutterstock.com, Roxana Bashyrova/shutterstock.com **56:** Kingarion/shutterstock.com, Madlen/shutterstock.com, Kendrick Adams/shutterstock.com **57:** Gerald Stiptschitsch, Aptyp_kok/shutterstock.com, tkemot/shutterstock.com **58:** Kirsanov Valeriy Vladimirovich/shutterstock.com, Potapov Alexander/shutterstock.com, Lepas/shutterstock.com **59:** Klaus Engelmayer **60:** Gerald Stiptschitsch, TimUR/shutterstock.com, Kati Molin/shutterstock.com **62:** Nitr/shutterstock.com **62:** Sandra Caldwell/shutterstock.com, Ziarnek Kenraiz/shutterstock.com, Snowbelle/shutterstock.com **63:** tiverylucky/shutterstock.com, kungverylucky/shutterstock.com **64:** Seksan Panpinyo/shutterstock.com, Vladimira/shutterstock.com **65:** Rose Carson/shutterstock.com, Gerald Stiptschitsch **66–67:** Christoph Böhler **68:** Nataliia Melnychuk/shutterstock.com, Bildagentur Zoonar GmbH/shutterstock.com, Gerald Stiptschitsch, Aleksander Bolbot/shutterstock.com, Duncan Andison/shutterstock.com, kak2s/shutterstock.com **69:** Africa Studio/shutterstock.com **70:** Christoph Böhler , Fotofermer/shutterstock.com **71:** versh/shutterstock.com, LuckyKeeper/shutterstock.com, Wespinator **72:** totojang1977/shutterstock.com, Radka Palenikova/shutterstock.com **73:** Klaus Engelmayer **74:** TimUR/shutterstock.com **75:** Henrik Larsson/shutterstock.com, Gerald Stiptschitsch **76:** panda3800/shutterstock.com, Gerald Stiptschitsch, Eric Gevaert/shutterstock.com **77:** Klaus Engelmayer **78:** Eva Maria Mayr, simmax/shutterstock.com **79:** Thanh Nghi/shutterstock.com, Elena Zajchikova/shutterstock.com **80:** Botond Horvath/shutterstock.com **81:** Sandra Caldwell/shutterstock.com, otsphoto/shutterstock.com **82–83:** Olyina/shutterstock.com **84:** Lens Travel/shutterstock.com, Singulyarra/shutterstock.com, Bildagentur Zoonar GmbH/shutterstock.com, olenaa/shutterstock.com, Mykola Ivashchenko/shutterstock.com, stdesign/shutterstock.com **85:** Imageman/shutterstock.com **86:** Christoph Böhler , Berents/shutterstock.com **87:** Dmitrij Skorobogatov/shutterstock.com, Lijuan Guo/shutterstock.com **88:** Paul Daniels/shutterstock.com **89:** Martina Osmy/shutterstock.com, jopelko/shutterstock.com, Gerald Stiptschitsch **90:** Brzostowska/shutterstock.com, Gerald Stiptschitsch **91:** Andris Tkacenko/shutterstock.com, Gerald Stiptschitsch **92:** Scisetti Alfio/shutterstock.com, irin-k/shutterstock.com **93:** Christoph Böhler **94:** Gerald Stiptschitsch **95:** anmo/shutterstock.com, joloei/shutterstock.com, wissanustock/shutterstock.com **96–97:** Slavica Stajic/shutterstock.com **98:** Peter Radacsi/shutterstock.com, x/shutterstock.com, Erni/shutterstock.com, Vitaly Ilyasov/shutterstock.com, Ariene Studio/shutterstock.com, Gerald Stiptschitsch **99:** harald muc/shutterstock.com **100:** Klaus Engelmayer, In Tune/shutterstock.com **101:** Snowbelle/shutterstock.com, Lost Mountain Studio/shutterstock.com **102:** wawritto/shutterstock.com **103:** Dementeve Julia/shutterstock.com, matin/shutterstock.com, dabjola/shutterstock.com **104:** Niwiko/shutterstock.com, Chubarovy/shutterstock.com **105:** Gerald Stiptschitsch **106:** Madlen/shutterstock.com **107:** Christoph Böhler **108:** Morphart Creation/shutterstock.com, Ken Easter/shutterstock.com **109:** Albo 003/shutterstock.com, Michael Dedman/shutterstock.com **110–111:** cschm556/shutterstock.com **112:** Whiteaster/shutterstock.com, iofoto/shutterstock.com, sybanto/shutterstock.com, Montypeter/shutterstock.com, dabjola/shutterstock.com, Kanusommer/shutterstock.com **113:** Kletr/shutterstock.com **114:** Christoph Böhler, Petr Salinger/shutterstock.com **115:** Madlen/shutterstock.com, An Nguyen/shutterstock.com **116:** vnlit/shutterstock.com, Liane M/shutterstock.com **117:** Denis+Yulia Pogostins/shutterstock.com, Anest/shutterstock.com **118:** Gerald Stiptschitsch, Martina Osmy/shutterstock.com **119:** Arina P Habich/shutterstock.com, valzan/shutterstock.com **120:** Dancestrokes/shutterstock.com, Volosina/shutterstock.com **121:** Klaus Engelmayer **122:** khemawattana/shutterstock.com, Pekka Nikonen/shutterstock.com **123:** KPG Payless 2/shutterstock.com, Maks Narodenko/shutterstock.com **124–125:** KPG_Payless/shutterstock.com **126:** kukuruxa/shutterstock.com, Thorsten Schier/shutterstock.com, Manuel Mattes/shutterstock.com, Bruce Rynor/shutterstock.com **127:** yanikap/shutterstock.com **128:** Erni/shutterstock.com **129:** Dirk Ercken/shutterstock.com, Konrad Weiss/shutterstock.com **130:** mubus7/shutterstock.com **131:** Madlen/shutterstock.com, freya-photographer/shutterstock.com **132:** An Nguyen/shutterstock.com **133:** Christoph Böhler **134:** skyfish/shutterstock.com, Scisetti Alfio/shutterstock.com **135:** Mettus/shutterstock.com, manusy/shutterstock.com **136–137:** Christoph Böhler **138:** EBFoto/shutterstock.com, Bildagentur Zoonar GmbH/shutterstock.com, Ratikova/shutterstock.com, Todd Boland/shutterstock.com **139:** LianeM/shutterstock.com **140:** Nagy Dodo/shutterstock.com **141:** Madlen/shutterstock.com, hjschneider/shutterstock.com **142:** Elena Rostunova/shutterstock.com, Kotenko Oleksandr/shutterstock.com **143:** Boule/shutterstock.com, threeseven/shutterstock.com **144:** Kevin Autret/shutterstock.com, Brian C. Weed/shutterstock.com **145:** Madlen/shutterstock.com, Anch/shutterstock.com **146:** Zigzag Mountain Art/shutterstock.com, delusi/shutterstock.com **147:** Zigzag Mountain Art/shutterstock.com, Connie Wade/shutterstock.com **148:** Jiab Ja/shutterstock.com, Ilya Mikhaylov/shutterstock.com, redho/shutterstock.com **149:** freya-photographer/shutterstock.com **150:** D. Kucharsky K. Kucharska/shutterstock.com, Natalya Bidyukova/shutterstock.com **151:** leungchopan/shutterstock.com, Evgeniy Ayupov/shutterstock.com **152:** Klaus Engelmayer **156:** Gerald Stiptschitsch **157:** psamtik/shutterstock.com **165-167:** Christoph Böhler **Umschlag Seite 3:** Tabelle Gerald Stiptschitsch **Außenumschlag:** Gerald Stiptschitsch

Ein Gartenbuch entsteht ...

Oft werde ich gefragt, wie lange es dauert, ein Buch zu schreiben ...

Am Anfang ist die Idee. Und die kommt meist beim Garteln: wenn ich Unkraut beseitige, mit dem Rasenmäher fahre oder beim Gießen. Lauter Arbeiten, bei denen man sich nicht 100%ig konzentrieren muss, geben mir Zeit zum Nachdenken.

Oft lasse ich dann alles liegen und stehen, eile zum Schreibtisch, um die Gedanken sofort zu Papier zu bringen, denn der Beginn eines jeden Buches ist ein Konzept. Im Gespräch mit dem Verlag, meinem Lektor – bei diesem Buch war es Gerald Stiptschitsch (Danke!) – entsteht dann Seite für Seite der Inhalt. Zunächst nur als Skizze, die in den Wochen danach langsam mit Leben, sprich mit Inhalt, gefüllt wird.

Ich schreibe die Bücher meist in den Abendstunden, denn mein Motto lautet: Zuerst Familie, dann Garten und erst danach der Schreibtisch – also das neue Buch. Ich bin ein sehr flotter Schreiber und habe meist beim Beginn des Schreibens fast alle Infos beisammen. Nur das eine oder andere Detail muss ich noch recherchieren und so ist oft nur die fortgeschrittene Abendstunde die Bremse. Aber ich gestehe: Manchmal wird es auch 2 bis 3 Uhr in der Nacht. Wenn es läuft, dann soll man nicht bremsen ...

Die wichtigste Phase bei einem Buch ist die Bildauswahl und der Fototermin. Das Motto dieses Tages: Lächeln – von früh bis spät ...

Ganz wichtig ist hier die Vorbereitung. Ein eingespieltes Team mit dem Fotografen Klaus Engelmayer, dem Lektor und der Verlagschefin Brigitte Millan-Ruiz machte es auch diesmal wieder möglich, in weniger als 8 Stunden mehr als 25 Motive aufzunehmen.

Das Ergebnis sehen Sie mit diesem Buch. Viel Spaß! Und vor allem viel Erfolg!

Karl Ploberger

… ist Österreichs beliebtester Biogärtner. Mit seinem Bestseller „Der Garten für intelligente Faule" wurde er auch über die Grenzen hinaus im gesamten deutschsprachigen Raum bekannt.

Seit seiner Jugend beschäftigt sich der Autodidakt mit dem biologischen Gartenbau. Als Marketingleiter beim Österreichischen Rundfunk, Radio Oberösterreich, rief er die erste Gartensendung über biologisches Gärtnern ins Leben. Später folgten „Fernsehtipps vom Biogärtner", die Moderation der Sendung „Willkommen Österreich" im ORF und die Organisation von Gartenmessen. Seit 2006 moderiert er die Sendung „Natur im Garten", die auf ORF2 und 3sat ausgestrahlt wird.

Seine mittlerweile 24 Bücher und jährlichen Kalender unter dem Motto „… für intelligente Faule" sind bisher über 600.000-mal verkauft worden. Er schreibt für zahlreiche Tageszeitungen, ist Herausgeber der Biogarten-zeitschrift „kraut & rüben" und auf Facebook und Instagram vertreten.

Großen Wert legt der Journalist auf kurze, prägnante und damit für alle leicht verständliche Erklärungen: Ganz unter dem Motto „Vom Praktiker für den Praktiker". Nicht zuletzt aus diesem Grund war das Buch 365 Gartenfragen & Antworten in der Erstauflage eines seiner meistverkauften Bücher.

Sein privater Garten in Seewalchen ist eine Naturoase, die viel besucht ist und immer wieder in TV, Magazinen und Büchern vorgestellt wird.

Weiterführende Infos von ihm gibt es unter **www.biogaertner.at** sowie in seiner neuen App **„Plobergers Live-Gartentipps"**

GARTEN
+HAUS
• natürlich
• besser
• gärtnern
ARCHAIAS SEED STORE CORP.

Weitere Bücher …

„23 sind genug!", sagte Biogärtner Karl Ploberger vor wenigen Monaten und wollte kein Buch mehr schreiben. Doch auch für ihn gilt: Sag niemals nie. Und so folgt die 24. Ausgabe – und wieder voll mit wertvollen Tipps. Anlass für das neue Buch waren die unzähligen Gartenfragen, die den Autor in den letzten zehn Jahren erreicht haben. „Ich bekomme über meine Homepage täglich zwischen 20 und 30 Fragen, die ich alle selbst beantworte", erläutert der enthusiastische Gartenliebhaber Ploberger. Für ihn ist sein elektronischer Frage-postkasten ein „Problem-Barometer". „Bevor andere überhaupt erkennen, dass es ein neues Problem gibt, erkenne ich das schon anhand der Fragen", sagt Ploberger, der zum Beispiel das Auftreten des Buchsbaumzünslers in unseren Breiten schon ausmachte, als in Fachkreisen davon noch keine Rede war. Und so dreht sich im ersten Teil viel um unerwünschte Gartengäste wie die Kirschessigfliegen, die immer lästiger werden, weil sie nicht bloß Kirschen, sondern vor allem auch Himbeeren, Brombeeren und Weintrauben anknabbern.

Frag doch den Ploberger!

96 Seiten, durchgehend farbige Abbildungen,
Format 17 x 24 cm, Softcover,
ISBN 978-3-8404-7585-6
Preis: 16,99 Euro

Blütenträume auf Balkonien – Wenn das eigene Zuhause immer wichtiger wird – kreatives Garteln auf kleinstem Raum.
Kein großer Park, kein Gemüseacker, ja nicht einmal ein Stück Garten hinter dem Reihenhaus. Kein Problem! „Garteln ohne Garten" zeigt, wie man auf kleinster Fläche in der Wohnung, auf dem Balkon oder der Terrasse mit Pflanzen eine angenehme Atmosphäre und ein besseres Raumklima schaffen kann. Daneben lässt sich auch vieles ernten: Kräuter, Gemüse, Beeren und Obst. Das grüne Paradies, von dem alle Urban Gardeners träumen.

Aus dem Inhalt:

DRAUSSEN: Gemüse & Obst auf kleinstem Raum, Kräuterparadies in Kisten, Wilde Bienenträume, Blütenrausch in Töpfen, Südliches Flair mit Kübelpflanzen etc.
DRINNEN: Vorziehen auf dem Fensterbrett, Faszination Blätter, die perfekte Raumauf-teilung, Microgreen & Keimboxen, Erste Hilfe bei Krankheiten und Schädlingen etc..

Garteln ohne Garten

144 Seiten, durchgehend farbige Abbildungen
Format 16,8 x 19 cm, Softcover,
ISBN 978-3-8404-7582-5
Preis: 14,99 Euro

„Der Unterschied zum ‚aktiven' Gärtner besteht darin, dass die ‚Faulen' die Natur genießen, sie aber nicht in gezirkelten Abschnitten halten wollen. Ihr Garten ist ein Naturparadies, aber keine Wildnis." Auf das Know-how kommt es an, dann lässt jeder Garten auch Faulheit und Muße zu.
Vor mehr als 20 Jahren schrieb Karl Ploberger sein erstes Buch „Der Garten für intelligente Faule" und es wurde zum Bestseller. Heute blickt er auf einen noch reicheren Erfahrungsschatz zurück, berichtet über die Neu- und Umgestaltungen in seinem Garten, über Irrtümer und weise Erkenntnisse und gibt Tipps für die Gelassenheit. Im Naturgarten wird mit und nicht gegen die Natur gegärtnert! In 20 Kapiteln für 20 Jahre gartelt der Biogärtner mit noch mehr Schwung, denn das Garteln hält ihn jung. Als Biopionier der ersten Stunde teilt er sein umfangreiches Wissen in seinen Vorträgen, TV-Sendungen und auf Reisen gerne mit Gleichgesinnten. Neben 20 Reisetipps und interessanten Begegnungen mit Persönlichkeiten beantwortet der Gärtner für intelligente Faule zudem 200 neue Gartenfragen.

Genau so geht Bio-Garten!

176 Seiten, durchgehend farbige Abbildungen,
Format 16,8 x 19 cm,Softcover,
ISBN 9-783-8404-7578-8
Preis: 14,99 Euro

CADMOS Verlag

Cadmos Verlag GmbH • Englmannstraße 2 • 81673 München
Telefon +49 89 451 08 510-0 • E-Mail: vertrieb@cadmos.de • **www.cadmos.de**